신라
왕실의
비밀

신라
왕실의
비밀

《삼국사기》에 없는
왕위 계승 미스터리

김종성 지음

역사의아침

들어가는 말

신라 역사는 '미스터리의 역사'다. 풀리지 않는 의문이 한둘이 아니기 때문이다. 물론 다른 시대의 역사, 예컨대 신라 이전의 고조선 역사도 의문스럽기는 마찬가지다. 하지만 신라 역사가 미스터리한 것과 고조선 역사가 미스터리한 것은 차원이 다르다. 고조선 역사가 의문스러운 이유는 사료가 거의 남아 있지 않기 때문이다. 반면 신라의 경우에는 비록 많지는 않으나 《삼국사기三國史記》·《삼국유사三國遺事》·필사본 《화랑세기花郎世紀》 등의 사료가 남아 있다. 조금이나마 사료가 존재하는데도 신라 역사가 미스터리하게 느껴지는 것은 왜일까? 그것은 얼마 되지 않는 사료마저 비논리적이라 대중에게 왜곡·전달되었기 때문이다.

　주변에 조금 아는 사람이 있다고 가정하자. 오가며 자주 마주치는 사이라 그가 어떤 사람인지 궁금하기는 하지만, 그에 대해 아는 것이 별로 없다. 그 사람에 대해 아는 정보는 주변 사람들에게 조금씩 들은 것뿐이다. 그런데 그에 대해 이야기해준 사람들이 실상 그를 잘 모르거나, 혹은 좋지 않은 편견을 가지고 있었다면 어떨까? 그렇지 않아도 부족한 정보가 부정확하게 입력되었으니, 머릿속은 비논리적이고 왜곡된 정보로 가득할 수밖에 없다.

　그러다가 어느 순간, 그 사람에 대해 알고 있던 정보가 실은 모두 엉터리라는 것을 깨닫는 일이 있다. 우연한 기회에 이야기를 나누어본 그는 그동안 생각했던 것과는 전혀 다른 사람이었다. 그가 들려주는 이야기를 토대로 판단하면, 우리는 그에 대해 새로운 느낌을 받을 것이다. 그가 갑자기 낯설게 느껴질 것이다. 그동안의 비밀스러운 이미지는 사라지고, 그가 너무나 사실적으로 보일 것이다.

　신라사의 경우에도 이와 같은 일이 생길 가능성이 높다. 그동안 비논리적이고 왜곡된 신라사 정보가 우리 머릿속에 많이 입력되었기 때문이다. 만약 우리가 '신라'에 제대로 접근한다면, 그에 대해 새로운 느낌을 받을 수도 있다. 신라사에 관한 그간의 논쟁 몇 가지만 살펴보아도 신라에 대한 의구심을 벗을 수 있을 것이다. 왜냐하면 그런 논쟁들이 너무나 허술하게 전개되었음에도 우리는 별다른 의심 없이 그 논쟁의 결과를 받아들였기 때문이다.

신라사에 관한 대표적인 논쟁 가운데 하나는 '신라가 삼국을 통일했는가'일 것이다. 신라와 당唐나라의 나당연합은 신라가 아닌 당나라가 주도했다. 물론 김춘추金春秋가 나당연합 결성에 결정적인 역할을 한 것은 사실이지만, 그 뒤 동맹의 주도권은 당나라로 넘어갔다. 그리고 이 동맹이 성공을 거둔 결과로 고구려 영토의 대부분이 당나라 차지가 되었다. 그렇다면 신라가 삼국을 통일했다고 볼 수 있을까? 어떤 사람들은 '그렇다'라고 대답하고 어떤 사람들은 '아니다'라고 대답한다.

이 논쟁의 해답은 간단하다. 신라는 삼국을 통일하지 못했다. 신라가 확실히 차지했던 것은 백제 땅뿐이다. 고구려 땅의 대부분은 당나라에 넘어갔다. 그렇기 때문에 신라가 백제를 차지했다고는 말할 수 있다. 하지만 신라는 고구려 땅의 대부분은 차지하지 못했으므로, 신라가 삼국을 통일했다고는 말할 수 없다. 이것은 두말할 나위 없이 명명백백한 사실이다. 따라서 신라가 삼국을 통일했느냐 여부를 두고 논란을 벌일 필요도 없다.

이처럼 논쟁이 될 수도 없는 것이 마치 논쟁거리인 양 사람들의 머릿속에 존재한다. 이는 대한민국의 지배층이 신라의 삼국 통일을 인정하고 있기 때문이다. 고구려 땅이 당나라에 넘어갔다는 엄연한 사실을 무시하고 신라의 삼국 통일을 운운하는 사람들이 대한민국 시대의 권력을 쥐고 있으니, 논쟁이 될 수조차 없는 일이 계속해서 논쟁거리로 남아 있는 것이다.

신라가 고려에 흡수되고, 다시 고려가 조선으로 교체되는 과정에서 왕실만 바뀌었을 뿐 이 땅의 지배층은 거의 바뀌지 않았다. 조선 시대에서 일제강점기로 넘어갈 때도 구한말의 지배층은 기존의 지위를 거의 그대로 유지했다. 조선총독부는 "조선 양반들은 독립운동을 하지 않는다"고 장담했다. 그렇게 장담할 수 있었던 것은 명문가 출신 독립투사인 이회영李會榮 같은 몇몇 경우를 제외하고는 양반 지주계급이 대체로 식민체제에 동조했기 때문이다. 그래서 일제강점기 때도 이 땅의 지배층은 크게 바뀌지 않았다. 일제강점기가 미군정 시대로 바뀌고, 다시 대한민국 시대로 바뀔 때도 마찬가지였다.

백제와 고구려가 멸망한 뒤로 신라 지배층은 '신라가 삼국을 통일했다'는 거짓 논리를 유지했다. 그들은 이 삼국 통일론을 근거로 대동강 이남의 지배권을 합리화하고자 했다. 김춘추가 태종太宗이라는 묘호廟號를 끝까지 사수할 수 있었던 것도 그들의 헌신 덕분이었다.

중국에 한漢나라가 세워진 이래 동아시아에서는 태종 묘호를 제2대 황제에게 부여하는 것이 관례였다. 태종은 건국 시조인 태조太祖에 버금가는 위상을 가지는 묘호다. 태종 묘호를 제2대 군주에게 부여하는 관행은 베트남에서도 유지되었다. 그런데 김춘추는 신라의 제2대 왕이 아니라 제29대 왕이다. 그러므로 김춘추가 사후에 태종이라 불리는 것은 동아시아의 관행과 맞지 않았다.

이로 인해 태종 묘호는 당나라와 외교 마찰을 초래했다. 《삼국사기》 〈신라 본기〉 '신문왕神文王' 편에 따르면, 김춘추가 죽고 31년이 흐른 뒤 당나라 정부는 사신을 보내 태종 묘호에 대해 이의를 제기했다. 무슨 근거로 김춘추의 묘호가 당나라 제2대 황제인 태종 이세민李世民의 묘호와 같을 수 있느냐고 이의를 걸었던 것이다. 이때의 신라 군주는 김춘추의 손자인 신문왕이었다. 태종 묘호를 쓰지 말라는 요구에 대해 신라 조정은 '김춘추는 삼국 통일의 주역이므로 태종 묘호를 쓰기에 합당하다'는 논리로 맞섰다. 당 태종 이세민이 중국을 통일했듯이 신라 김춘추도 삼국을 통일했으므로 태종 묘호를 쓸 수 있다고 주장했던 것이다. 결국 당나라는 물러섰다.

하지만 앞서 이야기했듯이 김춘추는 삼국을 통일하지 못했다. 그렇기 때문에 신라 조정의 주장은 허위였다. 물론 당나라의 요구는 부당한 내정간섭이었으므로 이를 물리친 것은 마땅한 일이다. 하지만 신라 조정은 허위 논리를 내세웠고, 그 논리를 백성에게도 유포했다. 삼국을 통일하지 못한 김춘추가 삼국을 통일했다고 백성을 가르쳤다. 그리고 자신들이 김춘추의 정통성을 계승하고 있다면서 백제 및 고구려 땅 일부에 대한 신라의 지배를 합리화했다.

김춘추가 삼국을 통일했다는 논리를 사수한 세력과 그 후손은 신라를 지배한 것은 물론이고 그 이후에도 왕조 교체와 관계없이 기득권을 유지했다. 그렇기 때문에 '신라의 삼국 통일'이라는 허위 사실이 오래도록 사람들의 뇌리를 지배할 수 있었던 것이다.

여전히 많은 사람들이 '신라' 하면 삼국 통일을 떠올린다. 그 정도로 신라가 삼국을 통일했다는 인식은 신라사에서 핵심적인 지위를 차지하고 있다. 그러한 의미에서 이는 신라사에 대한 기초 정보라고 할 수 있다. 그런데 그 정보마저도 비논리적이고 왜곡되어 있다. 기초 정보마저 이러하니, 나머지 정보는 말할 것도 없다.

이 책에서는 그 '나머지 정보' 중 하나를 다루고자 한다. 신라의 왕위가 어떻게 계승되었는가 하는 점이다. 이 문제에는 여러 가지 쟁점이 내재되어 있다. 이 쟁점들은 신라사에 대한 우리의 지식을 근저에서부터 흔들 수 있다.

우리는 박·석·김 3대 성씨가 신라 왕위를 번갈아가며 계승했다고 믿고 있다. 그런데 이것이 상식에 맞는 말일까? 왕조 국가에서 왕실의 성씨가 바뀌는 것을 '역성혁명易姓革命'이라고 부른다. 역성혁명이 일어나면 왕조는 끝이 난다. 따라서 3대 성씨가 신라 왕위를 번갈아가며 차지했다는 것은 곧 신라 왕조에서 역성혁명이 계속해서 일어났다는 뜻이다. 역성혁명이 반복되었다면, 신라사를 단일한 왕조의 역사로 볼 수 있을까?

본문에서 자세히 언급하겠지만, 신라에서는 공주의 왕위 계승권을 인정했다. 이런 제도를 바탕으로 석씨의 시조인 석탈해昔脫解는 공주의 남편 자격으로 왕위 계승권자가 되었다. 신라 왕실이 사위의 왕위 계승을 인정한 것은 사위 역시 박씨, 즉 박성 왕실의 일원으로 간주했기 때문이다. 한편 경주 김씨의 시조인 김알지金閼智는 양자 자격으로 신라 왕실에 들어갔다. 다른 가문에 양자로 들어간 사람에게는 원래의 성씨도 중요하지만 양부모의 성씨가 훨씬 더 중요하다. 이런 점들을 고려하면, 석탈해와 김알지의 후손들이 과연 박성의 틀을 벗어날 수 있었을까 하는 의문을 가질 수밖에 없다. 3대 성씨가 신라 왕위를 번갈아가며 차지했다는 명제를 의심할 수밖에 없는 것이다.

신라의 왕위 계승과 관련해 살펴볼 쟁점이 더 있다. 바로 근친혼과 연결되는 쟁점이다. 고대 왕실들이 근친혼을 허용한 이유 중 하나는 권력이 왕실 밖으로 새지 않도록 하기 위해서였다. 귀족 출신 왕비의 친척에게로 권력이 분산되지 않도록 하는 조치였다.

하지만 신라 왕실의 근친혼에는 또 다른 이유가 있었다. 이는 왕위 계승 문제와도 관련성이 있다.《삼국사기》와《삼국유사》에 따르면, 신라 왕비는 오랫동안 초대 왕비인 알영閼英과 혈통적으로 가까운 여성들로 채워졌다. 이것은 신라에 왕비족이 있었음을 뜻한다. 필사본《화랑세기》에서 말하는 왕비족의 근거를《삼국사기》와《삼국유사》에서도 찾을 수 있다.

오랫동안 알영의 혈통이 왕비족을 차지한 뒤에는 새로운 여성을 시조로 하는 왕비족이 등장했다. 왕비족의 교체가 일어난 것이다. 이때도 변하지 않은 사실은 신라 왕은 항상 왕비족과 혼인했다는 점이다. 이 사실은 왕비족과 결혼한 사람에게만 왕위 계승권이 인정되었음을 뜻한다. 또한 신라의 왕위 계승이 조선과는 다른 방식으로 이루어졌음을 시사한다.

한편 왕비족의 존재는 신라 왕실에서 근친혼이 성행할 수밖에 없었던 또 다른 이유를 설명한다. 왕족과 왕비족 사이에서만 혼인이 이루어지다보니, 혼인 대상의 범위가 좁아 근친혼이 불가피했던 것이다.

신라의 왕족과 왕비족 이야기를 탐구하면 평소에 궁금했던 의문까지 함께 풀 수 있다. 바로 성골^{聖骨}·진골^{眞骨} 이야기다. 《삼국사기》에 따르면, 신라인은 김춘추 이전의 왕들을 성골 임금으로, 김춘추를 포함해 그 이후의 왕들을 진골 임금으로 분류했다. 왕족과 왕비족 이야기를 통해 신라에서 어떤 기준으로 성골과 진골을 분류했는지도 이해할 수 있을 것이다.

이렇듯 신라의 왕위 계승과 관련된 쟁점들을 들여다보면, 신라사에 관한 그간의 지식이 상당히 비논리적이고 왜곡된 것이었음을 알 수 있다. 아울러 조선 왕조와는 전혀 다른 시각으로 신라 왕조를 바라보아야 할 필요성을 느낄 것이다. 왕위 계승 문제를 살펴보는 것은 신라사에 대한 왜곡된 상식을 교정하는 데 많은 도움이 된다. 그 결과 우리는 색다른 신라를 만나게 될 것이다.

2016년 여름
김종성

차 례

제1장

신라왕실은

누가

지배했는가

특이한
정치체제의 나라

조선 왕족은 이씨였으며, 고려 왕족은 왕씨였다. 그렇다면 신라 왕족의 성씨는 무엇일까? 이에 대해 우리가 흔히 떠올리는 대답이 있다. 그 흔한 대답은 교과서에도 나온다. 국사편찬위원회와 교육부(당시 교육인적자원부)가 2006년에 발행한 《고등학교 국사》에는 다음과 같은 내용이 적혀 있다.

신라는 진한辰韓 소국의 하나인 사로국斯盧國에서 출발했는데, 경주 지역의 토착민 집단과 유이민 집단이 결합해 건국되었다(기원전 57). 이후 동해안으로 들어온 석탈해 집단이 등장하면서 박·

석·김의 3성이 교대로 왕위를 차지했다.

  신라는 박·석·김의 세 성씨가 교대로 왕위를 차지했던 나라라는 설명이다. 국사 교과서뿐 아니라 시중의 다른 책들에서도 마찬가지로 서술하고 있다. 이러한 교육의 영향으로 우리는 신라를 3성 왕족의 나라로 인식한다. 다른 왕조에는 없던 특이한 정치체제의 나라였다고 알고 있는 것이다. 하지만 이것이 과연 상식적으로 맞는 이야기일까? 가만히 음미해보면 이 이야기가 얼마나 엉터리인지를 절감할 수 있다.

  왕조 국가의 가장 큰 특징은 혈통에 의한 왕위 세습이다. 왕조 국가에서는 건국 시조의 후손이 왕위를 이어받는다. 조선조 정도전 鄭道傳이 만든 법전인 《조선경국전朝鮮經國典》〈치전治典〉편에 언급된 것처럼, 왕조 국가에서는 '어리석건 현명하건 강력하건 유약하건 간에' 건국 시조의 후손이 왕위를 계승한다. 이러한 체제에서는 아무리 능력이 출중하고 통솔력이 탁월하다 해도 평민이 왕이 될 수는 없다. 평민이 오를 수 있는 최고 위치는 일인지하 만인지상의 자리뿐이다. 조선으로 치면 영의정領議政이고, 신라로 치면 상대등上大等이나 시중侍中이다. 왕족이 아닌 평민이 왕이 되려면 왕건王建이나 이성계李成桂처럼 목숨을 건 시도를 할 수밖에 없었다.

  신라는 기원전 57년에 박혁거세朴赫居世가 세운 나라다. 이 나라에서는 박혁거세의 자손만이 왕위를 이을 수 있었다. 신라가 왕조 국가였기 때문이다. 신라가 왕조 국가라는 점은 기초적인 상식으로, 신라에 관한 여타 지식은 이 상식과 충돌하지 않아야 한다. 만약 신라가 공화국이라는 전제에서 도출한 지식이 있다면, 그것은 신라사에서 사실史實의 자리를 차지할 수 없다.

신라가 왕조 국가였다는 사실을 전제로 신라라는 나라를 머릿속에 떠올려보자. 왕조 국가였으므로 신라에서도 건국 시조의 후손이 왕위를 계승했어야 한다. 만약 그렇지 않았다면 신라는 왕조 국가가 아니었다고 보아야 한다.

그런데 신라의 제4대 임금인 석탈해는 박혁거세의 혈통과 무관한 인물이다.《고등학교 국사》의 인용문에 언급된 것처럼, 그는 동해안을 통해 유입된 외래인이었다. 어찌 된 영문일까? 이 질문에 대한 구체적인 대답은 제3장에서 자세히 다룰 것이다. 간략하게 짚고 넘어가자면, 석탈해를 포함한 모든 신라 왕은 분명히 박혁거세의 자손이었다. 다시 강조하지만, 석탈해나 김춘추나 모두 박혁거세의 후손이었다. 박혁거세의 후손이 왕위를 이었으므로 신라는 분명히 왕조 국가였다. 우리의 신라사 여정은 이와 같은 지당한 상식에서 출발해야 한다.

신라는
3성제 국가였나

같은 업종에 종사하는 이들 사이에는 동업자 의식이 존재한다. 이들은 평소에는 치열하게 경쟁하는 것 같지만, 자기 업종의 이익을 위해서라면 기꺼이 뭉친다. 정부와 정부, 왕실과 왕실 사이에도 그와 유사한 관계가 존재한다. A국 지배층은 자기 나라의 피지배층보다는 B국 지배층에게 동질감을 느끼기 쉽다. 1882년 조선 한양漢陽에서 임오군란壬午軍亂이 발생해 하급 군인과 서민층이 권력을 잡자, 청淸나라 정부는 "도와달라"는 조선 고종高宗의 요구를 기꺼이 수용했다. 청나라는 해군 최정예 함대인 북양함대와 3천 명의 병력을 보내주었다. 한양을 장악했던 시민군은 이로 인해 한 달 만에 정권을 빼앗겼다. 청나라 군대가 한양에서 시민군을 몰아내는 데 그치지 않고 왕십리 등지에서 시민군 주모자를 샅샅이 찾아내는 열의를 보였기 때문이다. 또한 시민군의 추대를 받은 흥선대원군 이하응李昰應마저 청나라로 납치했다. 덕분에 고종은 1392년부터 490년간 이어진 왕업이 자기 대에 끊어지는 것을 막을 수 있었다.

청나라가 조선에 군대를 보낸 것은 이번 기회에 조선 내정에 간섭하려는 의도 때문이었지만, 여기에는 양국 왕실 사이의 동업자 의식도 어느 정도는 작용했다. 만약 임오군란이 시민군이 아니라 지배층 내의 쿠데타 세력에 의해 벌어졌다면 청나라가 그렇게까지 열정을 발휘하지는 않았을 것이다. 이렇듯 민중이 반란을 일으키면 이웃나라가 군대를 파견해 그 반란을 진압해주는 것은, 좋든 싫든 각국 정부와 왕실 사이에 동업자 의식이 존재하기 때문이다. 이웃나라 왕조가 시민군에 의해 무너지면 자기 나라에까지 그 영향이 미칠 수 있기 때문이었다.

만약 시장에 특이한 상인이 나타나면 기존 상인들은 경계심을 품는다. 신입 상인이 너무나 이질적이면 기존 상인들은 상권을 지킬 목적으로 똘똘 뭉쳐 신입 상인을 몰아낸다. 왕실 혹은 정부로 구성된 국제사회도 그렇다. 독특한 정치체제를 가진 나라는 국제사회에서 살아남기 힘들다. 이는 예나 지금이나 마찬가지다. 왕조 정치가 일반적인 시대에 민주공화국이 등장했다고 생각해보자. 이웃한 왕조 국가 백성의 마음이 동요할 가능성이 높다. 그렇게 되면 반란이 일어나기 쉽다. 따라서 기존 국가들은 지나치게 진보적이거나 이질적인 체제의 신생국이 출현하는 것을 경계하게 마련이다. 국제 사회에서 살아남는 국가가 되려면, 자기 시대가 보편적으로 인정하는 정치체제를 갖추어야 한다. 영국 철학자 허버트 스펜서Herbert Spencer가 말한 적자생존 법칙이 국가에도 적용되는 것이다. 동시대의 정치 환경에 적응하지 못한 나라는 살아남을 수 없다.

이러한 이치는 신라에 대한 역사 인식에도 적용되어야 한다. 우리는 신라가 3성제 국가였다고 배웠다. 박씨뿐 아니라 석씨·김씨가 교대로 왕위에 올랐던, 당시 정치체제와 이질적인 '이상한 나라'로 알고 있는 것이다. 하지만 정말로 그랬다면 신라가 그토록 오랫동안 존속할 수는 없었을 것이다. 신라는 기원전 57년부터 서기 935년까지 무려 991년간 유지된 나라다. 이렇게 오랫동안 존속했다는 것은 신라가 스펜서의 적자생존 법칙을 준수했음을 의미한다. 다시 말해 신라가 이웃나라에서 보기에 조금도 이상할 것이 없는 나라였음을 뜻한다. 그렇기 때문에 이웃나라 지배층이 신라 왕실과 공존을 도모할 수 있었던 것이다.

만약 신라에서 건국 시조의 자손이 아닌 사람이 왕이 될 수 있었다면, 고구려·백제·가야는 물론이고 중국이나 왜국 왕실까지 신라를 경계할 수밖에 없었을 것이다. 신라의 사례를 거론하며 왕실의 왕위 독점을 비판하는 사람들이 생겨났을 것이기 때문이다. 그렇다면 동아시아의 왕조 전체가 위협을 받았을 것이고, 이웃나라 왕실들은 신라를 집중적으로 견제하고 압박했을 것이다. 역사가 그렇게 전개되었다면 신라가 1천 년 가까이 유지되기는 힘들었을 것이다.

하지만 신라는 당시 관점에서 볼 때 일반적인 정치체제를 갖춘 나라였다. 《삼국사기》와 《삼국유사》 같은 우리나라 사료는 물론이고 중국·일본의 사료를 보아도 신라의 정치체제가 유별났다는 언급은 나오지 않는다. 만약 신라가 3성제라는 특이한 정치체제를 가진 '왕조 시대의 별종'이었다면, 다른 나라의 사료에 그 내용이 기록되어 있어야 한다. 하지만 그러한 기록은 어디에도 없다. 다음과 같은 기록이 있을 뿐이다.

(신라의) 풍속과 법률·정치 및 의복은 대체로 고구려·백제와 같다.

《수서隋書》〈동이東夷 열전〉 '신라' 편에 나오는 문장이다. 신라의 정치체제가 고구려·백제와 대체적으로 동일하다고 적혀 있다. 위 인용문에 나오는 '법률·정치'의 원문 표현은 "형정刑政"이다. 옛날에는 '형刑'이라는 글자가 법률을 가리키는 데 많이 사용되었다. 고대에는 법률이 곧 형법이었기 때문이다. '정政'은 말 그대로 정치를 가리킨다.

위 인용문에서 알 수 있는 것은 중국인의 눈에 신라의 정치체제가 고구려·백제와 다를 바 없었다는 점이다. 그들은 신라를 일반적인 왕조 국가로 보았다. 《수서》는 581년부터 618년까지 존속한 수

隋나라의 역사를 다룬 책이다. 신라의 정치체제가 고구려·백제와 다르지 않다는 이야기는 《수서》뿐 아니라, 386~618년간의 북중국 역사서인 《북사北史》와 618~907년간의 당나라 역사서인 《구당서舊唐書》에도 똑같이 나온다. 만약 신라가 3성제라는 이상한 정치체제를 가지고 있었다면, "풍속과 의복은 대체로 고구려·백제와 같지만, 법률·정치는 그렇지 않다"고 기록했을지 모른다. 하지만 중국인들은 그렇게 기록하지 않았다. 이것은 신라 역시 당대의 여타 국가와 다를 바 없는 왕조 국가였음을 의미한다. 신라는 하나의 왕족이 대대로 통치하는 일반적인 왕국이었던 것이다.

여기서 짚고 넘어가야 할 기록이 있다. 《구당서》의 개정판이라 할 수 있는 《신당서新唐書》〈동이 열전〉 '신라' 편에 언급된 "왕의 성씨는 김金이고 귀족의 성씨는 박朴이고 백성들은 성씨 없이 이름만 가지고 있다"는 부분이다. 사실 '왕의 성씨는 김'이라는 표현은 부정확한 것이다. 당나라는 618년에 건국되었다. 이 시기는 신라 왕실에 김알지의 피가 섞인 사람들이 임금 자리에 있을 때였다. 흔히 말하는 김씨 왕들이 통치하던 시기로, 당나라 정부가 주로 접촉한 신라 당국자들은 바로 이들이었다. 그래서 당나라 사람들의 눈에는 신라 왕실이 김씨로 보였던 것이다.

하지만 《신당서》에도 3성제는 언급되어 있지 않다. 《신당서》 편찬자들은 신라를 김씨가 왕위를 세습하는 나라로 보았던 것이다. 이렇듯 각종 사료에 나타나는 신라는 다른 왕조 국가처럼 하나의 성씨를 가진 왕실이 통치하는 나라였다. 만약 신라가 3대 왕족이 공존하는 특이한 나라였다면, 신라에 관한 수많은 기록에서 그 중요한 사실이 누락되었을 리 없다.

다시 정리하자. 신라는 3대 왕족을 보유한 '이상한' 나라가 아니었다. 신라도 일반적인 왕조 국가처럼 하나의 왕족을 보유한 나라였다. 그렇다면 신라 왕실의 성씨는 정확히 무엇이었을까?

역성혁명론이
부합하지 않는 신라사

우리가 흔히 접하는 역사용어 가운데 '역성혁명'이라는 것이 있다. 사마천司馬遷이 지은 《사기史記》〈봉선서封禪書〉편에 다음과 같은 문장이 있다.

공자가 육경六經을 논술하고, 성씨를 바꾸어 왕이 된 일들을 대략적으로 말하였다.

육경은 《시경詩經》·《서경書經》·《예기禮記》·《악기樂記》·《주역周易》·《춘추春秋》를 말한다. '성씨를 바꾸어 왕이 되다'라는 부분의 원문은 "역성이왕易姓而王"이다. 역성으로 왕이 되었다는 것은 왕조를 새로 창업했다는 의미다. 역성 뒤에 혁명이라는 단어를 붙이지 않아도 한자 문화권에서는 역성이 곧 혁명으로 통한다. 역성은 왕조 교체를 의미했기 때문이다. 옛날에는 왕실이 천명을 받아 세상을 통치한다는 관념이 존재했다. 그런 상황에서 왕실이 바뀌는 것은 천명이 바뀌는 것, 즉 혁명을 의미할 수밖에 없었다.

이렇듯 왕실의 성씨가 바뀌는 것은 매우 중요한 사건이었다. 이는 고려와 조선의 왕조 교체 과정에 대한 인식에서도 잘 드러난다.

조선은 고려를 무력으로 무너뜨리고 건국된 나라가 아니다. 조선이 고려를 대체하는 과정은 비교적 평화로웠다. 조선이 건국되기 4년 전에 발생한 위화도회군으로 이성계와 조민수曹敏修의 연합정권이 출현하기는 했지만, 그 사건은 고려 왕조 내부에서 발생한 쿠데타에 불과했다. 이성계가 고려 왕조에서 정권의 절반을 차지하는 데 기여했을 뿐이다. 곧 이성계는 조민수를 몰아내고 정권을 독차지했다. 그런 다음에 공민왕의 미망인인 정비定妃 안씨의 승인을 받아 고려 왕으로 즉위했다. 조선 왕이 아닌 고려 왕으로 등극했던 것이다.

이성계가 왕위에 오르기 전에 고려의 마지막 왕인 공양왕恭讓王의 폐위가 먼저 있었다. 이 폐위는 정비 안씨의 교서에 의해 이루어졌다. 정비 안씨는 당시 대비의 위치에 있었다. 오늘날의 국민국가에서는 주권이 국민에 있다고 인식하지만, 왕조 시대에는 주권이 왕실에 있다고 인식했다. 왕실의 대표자는 군주였지만 왕실의 어른은 대비였다. 그래서 대표자인 군주에게 문제가 생기면 대비가 비상대권을 행사했다. 공양왕의 리더십이 위협을 받는 비상 상황에서 최고 결정권을 행사할 수 있는 사람은 대비인 정비 안씨였다. 그래서 그가 공양왕의 폐위를 결정했던 것이다.

조선 태조太祖 1년 7월 17일자(1392년 8월 3일) 《태조실록太祖實錄》에 따르면, 공양왕 폐위 교서가 있은 다음 국새가 대비에게 옮겨졌고, 대비가 비상대권을 행사했다. 그 뒤 이성계를 감록국사監錄國事에 임명한다는 대비의 교서가 반포되었다. 감록국사는 지금으로 치면 임시 대통령이나 비상대책위원장과 유사한 직책이다. 그 교서가 있은 다음에 신하들이 이성계에게 국새를 옮겼고, 이성계가 신하들의 간청을 받아들여 왕위에 올랐다.

이와 같은 즉위 절차에서 드러나듯이 이성계는 고려 법제에 따라 고려 왕으로 등극했다. 그가 조선의 왕이 된 것은 명나라가 새로운 국호인 조선을 승인한 뒤였다. 조선이 이 승인을 받은 것은 태조 2년 2월 15일(1393년 3월 27일)이다. 이성계는 8개월 가까이 고려 왕으로 살았던 것이다. 그러므로 엄밀한 관점으로 보자면, 이성계가 조선 왕이 된 것은 1392년이 아니라 1393년이다. 하지만 우리는 1392년에 이성계가 조선을 세웠다고 믿는다. 이성계가 왕위에 오른 그 순간부터 고려 왕조가 없어지고 조선 왕조가 세워졌다고 믿는 것이다.

그렇게 믿는 이유는 무엇일까? 1392년 8월에 왕조의 성씨가 바뀌었기 때문이다. 그 시점에 역성이 일어났기 때문에, 그때부터 고려 왕조가 끊어지고 조선 왕조가 창업되었다고 믿는 것이다. 그 당시의 사람들도 그렇게 믿었다. 이성계가 고려 왕의 직함을 가지고 있던 동안에도 사람들은 이성계를 고려 왕조의 임금으로 생각하지 않았다. 처음부터 이성계는 새로운 나라의 시조로 인식되었다. 왕족이 왕씨에서 이씨로 바뀌었기 때문이다. 우리는 이성계가 고려 법제에 따라 왕이 되었다는 사실은 제쳐놓고 왕족의 성씨가 바뀌었다는 사실만으로 "고려는 1392년 8월에 멸망했다"고 말한다. 이것은 왕조 국가의 특징이 혈통에 의한 왕위 계승이기 때문이다. 역성은 곧 혁명이므로 성이 바뀌면 왕조가 끊긴 것으로 인식한다.

기존 왕조의 법제에 따라 기존 국가의 임금으로 등극했더라도 왕의 성씨가 바뀌면 왕조가 바뀌는 것이다. 그렇기 때문에 조선이 1393년이 아닌 1392년에 건국되었다고 보는 것은 역성혁명론에 부합한다. 이와 마찬가지로, 신라에 대한 우리의 역사 인식도 역성혁명론에 부합해야 한다. 하지만 유독 신라에 대해서는 이 역성혁명론이 무용지물이 된다.

신라는 몇 번을
멸망했는가

'역성은 곧 혁명'이라는 일반적인 원칙을 신라사에 적용하지 않는 이유는 무엇일까?

〈표 1〉에서 알 수 있는 바와 같이 김부식金富軾이 《삼국사기》 〈신라 본기〉에서 서술한 바에 따르면, 기원전 57년에 시작된 박씨 왕조는 제3대 유리왕儒理王의 죽음과 함께 114년 만에 종결되었다. 뒤이어 등장한 것은 제4대 임금인 탈해왕脫解王이다. 왕위가 박씨에서 석씨로 넘어갔던 것이다. 이로써 제1차 성씨 변화가 일어났다. 왕조 국가의 성씨 변화는 다름 아닌 역성이다. 따라서 〈표 1〉의 왼쪽에 적은 '회차'는 역성혁명의 회차를 가리킨다. 신라 건국 114년 만

회차	성씨	재위기간	누적기간
–	박씨(제1대 박혁거세~제3대 유리왕)	114년	114년
1	석씨(제4대 탈해왕)	23년	137년
2	박씨(제5대 파사왕~제8대 아달라왕)	104년	241년
3	석씨(제9대 벌휴왕~제12대 첨해왕)	77년	318년
4	김씨(제13대 미추왕)	22년	340년
5	석씨(제14대 유례왕~제16대 흘해왕)	72년	412년
6	김씨(제17대 내물왕~제52대 효공왕)	556년	968년
7	박씨(제53대 신덕왕~제55대 경애왕)	15년	983년
8	김씨(제56대 경순왕)	8년	991년

에 제1차 역성혁명이 일어났던 것이다.

석씨 왕조는 23년간 유지되었다. 그다음에는 박씨 왕조가 복귀했다. 제5대 파사왕婆娑王부터 제8대 아달라왕阿達羅王까지 104년간 박씨 왕조가 이어졌다. 그런 다음에 다시 석씨로 역성이 일어났다. 제9대 벌휴왕伐休王부터 제12대 첨해왕沾解王까지 77년간은 석씨 왕조였다. 이렇게 박씨(114년)―석씨(23년)―박씨(104년)―석씨(77년)로 역성이 일어나는 동안에 신라 역사는 318년이나 흘렀다.

그런 다음에 세 번째 성씨인 김씨가 출현했다. 제13대 미추왕味鄒王이 등장한 것이었다. 미추왕은 22년간 왕위에 있었다. 하지만 김씨 왕조는 다음 대로 이어지지 않았다. 제14대 왕이 된 것은 석씨인 유례왕儒禮王이다. 석씨는 제16대 흘해왕訖解王 때까지 72년간 왕권을 장악했다.

석씨 왕조는 제16대 흘해왕으로 끝났다. 제17대 내물왕奈勿王부터는 김씨 왕조의 장기 독재가 시작되었다. 장기 독재가 아니라 영구 독재로 표현해도 될 정도다. 김씨의 집권은 제52대 효공왕孝恭王까지 556년간이나 이어졌다.

그러다가 희한한 일이 벌어졌다. 500년 이상이나 김씨 왕조가 이어진 뒤였다. 제52대 효공왕이 죽은 뒤, 박혁거세의 후손이 왕권을 잃은 지 무려 728년 만에 다시 왕위에 올랐다. 제8대 아달라왕이 죽은 지 728년 만인 912년에 박씨인 제53대 신덕왕神德王이 등극했던 것이다. 이렇게 부활한 박씨 왕조는 15년밖에 지속되지 않았다. 제55대 경애왕景哀王이 후백제의 견훤甄萱에 의해 치욕적으로 죽임을 당하면서 박씨 왕조는 다시 끊어졌다. 이후 김씨인 경순왕敬順王이 신라의 마지막 왕으로 등극했다. 여기까지가 김부식의 《삼국사기》에 서술된 내용이다.

이상의 내용을 정리하면, 신라에서는 왕의 성씨가 총 여덟 차례나 바뀌었다. 제4대 탈해왕이 등극할 때 제1차 교체가 있었고, 제56대 경순왕이 등극할 때 제8차 교체가 있었다. 왕조 시대의 논리로 보면, 이것은 역성혁명이 여덟 차례나 있었다는 뜻이다. 박혁거세가 세운 나라가 석탈해의 등극으로 멸망했으며 그 뒤로도 일곱 번이나 나라가 바뀌었다는 의미다.

삼국사기
기록의 오류

만약 김부식이 서술한 내용이 사실이라면 박혁거세가 나라를 세운 뒤로 여덟 차례의 역성혁명이 있었으니, 《삼국사기》〈신라 본기〉는 아홉 개의 역사로 쪼개져야 한다. 그런데 〈신라 본기〉는 여러 개로 구분되어 있지 않다. 김부식의 이러한 서술에 대해 고려 시대 사람들도 별다른 이의를 제기하지 않았다.

　신라에서 역성혁명이 여덟 차례나 있었다면, 《삼국사기》〈신라 본기〉는 혁명적인 상황에 대한 설명으로 가득해야 한다. 고려 왕조가 조선 왕조로 바뀔 때의 혁명적인 상황을 우리는 잘 알고 있다. 고려가 조선으로 바뀌는 과정이 대체로 평화로웠음에도, 그 사안의 중대성 때문에 우리는 그 과정을 상당히 역동적으로 기억한다. 그와 같은 역동적인 묘사가《삼국사기》〈신라 본기〉에 적어도 여덟 차례는 등장해야 한다. 하지만《삼국사기》어디에도 그러한 정황은 나타나지 않는다.

일례로 석씨 왕인 제9대 벌휴왕의 등극 과정을 살펴보자. 벌휴왕은 앞의 〈표 1〉에 나온 제3차 성씨 교체를 이룬 장본인이다. 역성혁명을 이룬 주역이었던 셈이다. 따라서 다른 나라의 역사서였다면 그의 등극 과정은 혁명적인 상황에 대한 묘사로 가득했을 것이다. 그러나《삼국사기》의 내용은 그렇지 않다.《삼국사기》〈신라 본기〉 '벌휴이사금' 편의 서두에 기록된 그의 등극 과정은 평온하기만 하다.

아달라왕이 죽었지만 아들이 없어서, 국인國人들이 그를 세웠다.

벌휴왕은 일반적인 절차로 등극한 왕은 아니었다. 그는 전임자인 아달라왕의 아들이나 후계자가 아니었다. 그렇다고 혁명으로 등극한 군주도 아니었다. 그는 국인들의 추대를 받고 왕이 되었다. 혹시 국인들의 추대에 혁명적인 요소는 없었을까?

국인을 '백성' 혹은 '나라 사람'으로 옮긴《삼국사기》번역서가 적지 않다. 하지만 나라 사람, 즉 백성 전체가 벌휴왕을 추대했다면 신라가 민주공화국이었다는 말이 된다. 그러므로《삼국사기》에 등장하는 '국인'을 무조건 '나라 사람'으로 번역하는 것은 옳지 않다.

국인에는 백성이나 나라 사람 외에 다른 의미도 있었다. 바로 '도성 사람'이라는 의미였다. 고대에는 '국國'이 도읍을 가리키는 경우가 있었다. 우리는 '도읍都邑'이라는 표현을 왕조의 수도로 이해한다. 그래서 '도都'를 수도로 번역하는 경우도 있다. 하지만 중국의 춘추 시대만 해도 도보다는 국이 더 큰 도시였다. 도는 제후의 도시였고, 국은 천자의 도시였다.

중국 노魯나라의 좌구명左丘明이 쓴《춘추春秋》해설서인《춘추좌씨전春秋左氏傳》〈은공隱公 원년〉편에 다음과 같은 문장이 있다.

> 도성이 100치雉를 넘으면 나라에 해롭습니다. 선왕의 제도에 따르면, 대도大都는 국의 3분의 1을 넘을 수 없고 중도中都는 5분의 1을 넘을 수 없으며 소도小都는 9분의 1을 넘을 수 없습니다.

1치는 성의 넓이를 재는 단위로 길이 9미터, 높이 3미터를 의미한다. 한편 여기에서 말하는 '도성'은 제후의 도시를 뜻한다. 대도·중도·소도는 도성을 등급별로 구분한 것이다.《춘추좌씨전》에서는 이런 도성의 규모가 각각 천자가 사는 국의 3분의 1, 5분의 1, 9분의 1을 넘을 수 없다고 말했다. 천자의 위상을 유지하고 제후의 반역을 방지할 목적에서 그렇게 지정했던 것이다. 이러한 용례에서 알 수 있듯이 고대에는 국이 수도를 가리키는 경우가 많았다.《삼국사기》'벌휴이사금' 편에 언급된 국도 이와 마찬가지다.

중국의 주周나라나 춘추전국 시대에는 비상시에 왕이 도성 사람들에게 국정 현안에 대한 자문을 구하는 일이 많았다. 《맹자孟子》〈양혜왕梁惠王〉 편에 따르면, 맹자는 제나라 선왕宣王에게 신하들보다는 국인들의 여론에 따라 인사 문제나 형벌을 처리하라고 건의했다. 지배층을 형성하는 도성 사람들의 여론을 광범위하게 수용하라는 말이었다.

벌휴왕의 등극 과정에서도 국인들이 중요한 역할을 했다. 신라 백성 전체가 아니라 서라벌 지배층이 벌휴왕을 옹립했다. 박씨인 아달라왕이 후사 없이 세상을 떠나자 국인들이 석씨인 벌휴왕에게 힘을 모아주었던 것이다. 국인들은 《삼국사기》에 종종 등장한다. 《삼국사기》〈신라 본기〉'선덕여왕善德女王' 편에 따르면, 진평왕眞平王의 딸인 선덕여왕은 아버지가 죽은 뒤 국인들의 추대를 받아 왕위에 올랐다.

이런 사례에서 알 수 있듯이, 국인들은 합법적이고 평화적인 정권 교체를 승인하는 역할을 했다. 왕위를 이을 후계자가 없는 경우에는 지배층인 국인들이 나서서 왕위 계승을 관철시키고 이를 합법화하는 역할을 했던 것이다.

벌휴왕이 등극할 때도 마찬가지였다. 만약 아달라왕에서 벌휴왕으로 이루어진 왕권 교체를 혁명 수준의 정변으로 받아들였다면, 국인들이 벌휴왕의 등극에 힘을 실어주기는 쉽지 않았을 것이다.

승인하는 것 또한 혁명 수준의 행위가 되기 때문이다. 하지만 국인들의 승인에 그와 같은 혁명적인 성격이 담겨 있었을 리는 없다. 지배층으로 구성된 도성 사람들이 혁명을 막기는커녕 도리어 지지한다는 것은 상식적으로 드문 일이다. 만약 그것이 혁명적인 일이었다면《삼국사기》에서 국인들의 승인을 그처럼 평화적으로 묘사하지는 않았을 것이다. 국인들이 새로운 군주를 승인하는 사례가 〈신라 본기〉에 종종 언급되는 것은, 그러한 승인이 합법적인 절차였음을 보여준다. 다시 말해 벌휴왕의 등극이 역성혁명이 아니었음을 뜻한다.

벌휴왕 때와 마찬가지로 나머지 일곱 차례의 성씨 변화 역시 평화적으로 이루어졌다. 김부식은 박씨·석씨·김씨가 돌아가면서 역성을 했다고 서술했지만, 그 과정은 지극히 평화스러웠다. 어떻게 신라에서는 역성혁명이 이처럼 평화적으로 일어날 수 있었을까? 대답은 간단하다. 신라에서는 역성혁명이 일어나지 않았다. 제1대 박혁거세부터 제56대 경순왕 때까지 단 한 번도 역성혁명이 일어나지 않았다. 그렇기 때문에 신라 역사를 991년의 역사라고 말하는 것이다.

신라에서 역성혁명이 일어나지 않았다는 것은 무슨 뜻인가? 신라 왕실의 성씨가 단 한 번도 바뀌지 않았다는 뜻이다. 신라 왕실은 처음부터 끝까지 박씨, 즉 박성이었다. 그렇다면 석탈해나 김춘추처럼, 신라 역사에 숱하게 등장하는 석씨 왕과 김씨 왕은 어떻게 설명할 것인가? 이에 대한 대답 역시 간단하다. 우리가 석씨 왕이나 김씨 왕으로 알고 있는 인물들이 실은 석씨나 김씨가 아니었다. 그들은 모두 다 박성 가문의 일원이었다.

그렇다면 석씨와 김씨 왕의 존재를 서술한《삼국사기》의 기록은 어떻게 설명해야 하는가? 답은 간단하다. 그것은 모두 허구요, 허위다. 물론 〈신라 본기〉에 기록된 사건들이 모두 다 허위라는 말은 아니다. 김부식이 석씨·김씨 왕이 있었다고 기록한 것이 잘못되었다는 말이다.

여기서 분명하게 내릴 수 있는 결론이 있다. 신라 왕실은 건국 시점인 기원전 57년부터 멸망 시점인 서기 935년까지 박성 왕실이었다는 점이다. 석탈해로 알려진 인물과 김춘추로 알려진 인물이 왕위에 있을 때도 마찬가지였다. 신라 왕조는 처음부터 끝까지 박성 왕조였다.

제2장

고대사회와

성씨의 의미

성씨 없는
사람들

우리 시대 사람들은 누구나 성씨를 가지고 있다. 현행 대한민국 민법에 따르면 국민은 누구나 다 성姓을 가져야 한다. 민법 제781조 제1항에는 '사람은 아버지의 성과 본本을 따르되 예외적으로 어머니의 성과 본을 따를 수 있다'라는 식으로 명시되어 있다. 태어나자마자 길에 버려져 부모가 누군지 알 수 없는 사람도 민법에 따라 성을 가져야 한다. 제781조 제4항에는 "부모를 알 수 없는 자는 법원의 허가를 받아 성과 본을 창설한다"고 명시되어 있다.

주목할 것은 '창설할 수 있다'가 아니라 '창설한다'는 대목이다. 부모를 알 수 없는 사람도 법원의 허가를 받아 성과 본을 반드시 가져야 한다. 성과 본을 바꿀 수는 있어도 아예 없앨 수는 없다. 민법 제781조 제6항에서는 "자녀의 복리를 위해 필요한 경우에는 법원의 허가를 얻어 성과 본을 바꿀 수 있다"고 명시했다.

하지만 옛날에는 사정이 달랐다. 이름은 있어도 성이 없는 사람이 한둘이 아니었다. 노비들은 특히 그러했다. 노비 출신의 고려 무신정권 지도자였던 김준金俊처럼 성씨가 있는 노비도 있었지만, 대부분의 노비들은 그렇지 않았다. 조선 선조宣祖 12년 6월 7일자 (1579년 6월 30일) 노비 매매계약서에 언급된 노비 가족도 그러했다. 이 계약서에는 황해도 백천군에서 나윤위羅允緯라는 사람의 노비로 생활한 막고·막심·막동이 등장한다. 이 세 사람은 성씨 없이 이름으로만 매매계약서에 기재되었다. 성씨가 있었다면 당연히 성과 이름이 함께 기재되었을 것이다.

막고·막심·막동 세 사람은 무슨 관계였을까? 막동을 기준으로 막고가 막동의 외할머니이고 막심이 막동의 어머니다. 노비는 모계 혈통을 따랐기 때문에 외할머니·어머니·본인의 혈통이 계약서에 기재되었던 것이다. 3대가 다 똑같이 '막' 자로 시작하니, 이들의 성씨가 혹시 '막'이 아니었나 생각할 수도 있다. 하지만 '막' 자는 법적 의미의 성씨가 아니었다. 다른 노비들과 구별할 목적으로 3대에게 '막' 자를 공통적으로 붙였을 뿐이다. 이렇듯 노비들은 성씨 없이 이름으로만 매매되었다. 과거에는 성씨가 개인을 식별하는 데 필수적이지 않았다.

이는 다른 나라에서도 마찬가지였다. 일례로 튀르크족(돌궐족)을 들 수 있다. 튀르크족은 신라의 전성기에 중국 서북쪽에서 중국을 위협했던 민족이다. 이들은 당나라의 반격을 받아 중동 지방으로 밀려났다. 고구려를 멸망시킨 덕분에 당나라가 이들을 집중적으로 압박할 수 있었던 것이다. 그렇게 서쪽으로 밀려난 튀르크족이 1299년에 세운 나라가 오스만제국이다. 지금의 터키공화국은 오스만제국에 뒤이어 건국된 나라다. 오스만제국은 18세기까지만 해도 중국과 더불어 세계 문명을 주도하는 양대 축이었다. 세계를 이끌었던 오스만제국에서도 대부분의 백성들이 성씨 없이 생활했다. 사람들은 이름만으로 식별되었다. 다른 이슬람 국가의 일반적인 경향처럼 이 나라에서도 이름만 있으면 사는 데 아무런 문제가 없었다.

오스만제국의 군인으로 살다가 이 나라를 무너뜨리고 터키공화국을 세운 무스타파 케말 파샤 아타튀르크Mustafa Kemal Pasha Atatürk라는 영웅이 있다. 원래 그는 무스타파라는 이름만으로 불리었다. 케말이라는 성이 붙은 것은 그가 군사예비학교에 다닐 때였다. 이 학교에 재학하던 시절, 무스타파는 수학을 매우 잘했다. 별다른 선행 학습을 하지 않았는데도 수업 진도를 훨씬 앞질렀다. 그는 훗날 회고록에서 자신이 수학 선생님보다 수학을 더 잘했다고 말했다. 그런데 그 수학 선생님의 이름도 무스타파였다. 이 때문에 두 사람을 구분할 필요가 있었다. 그래서 누군가가 무스타파에게 '케말'이라는 단어를 붙여주었다. 케말은 '완벽하다'는 뜻이다.

무스타파 케말은 1914년에 발발한 제1차 세계대전 중에 준장으로 승진했다. 그는 장군으로 승진하면서 '파샤'라는 칭호를 얻었다. 파샤는 장군과 같은 높은 신분에게 부여하는 칭호였다. 이제 무스타파 케말 파샤로 불리게 된 그는 오스만제국을 무너뜨리고 터키 공화국을 세운 뒤에 '아타튀르크'라는 칭호를 별도로 얻었다. 이것은 터키 국회가 그에게 붙여준 경칭이었다. 아타튀르크는 튀르크, 즉 터키인의 아버지라는 뜻이다. 처음에는 무스타파라는 이름밖에 없었던 그는 이렇게 무스타파 케말 파샤 아타튀르크로 불리었다. 만약 그의 삶이 평범했다면 그가 무스타파로 불리는 것만으로도 아무 문제가 없었을 것이다.

튀르크족이 의무적으로 성을 가지게 된 것은 무스타파 케말이 터키공화국을 세운 지 11년 만인 1934년부터다. 터키 의회가 전 국민이 의무적으로 성을 가질 것을 강제하는 법률을 제정했던 것이다. 이때부터 터키 국민은 의무적으로 성을 가지게 되었다.

이처럼 고대에는 성이 꼭 필요하지 않았다. 또한 성이 가지는 의미도 지금과 달랐다. 이런 점들은 신라 사회에서 박이라는 성이 어떤 의미를 가졌는지를 이해하는 데 밑거름이 될 것이다.

성과 씨의
구분

고대에 성씨가 어떤 의미로 활용되었는지 이해하려면, 일단은 성姓
과 씨氏를 분리할 필요가 있다. 오늘날에는 특별한 구분 없이 성씨·
성·씨라는 표현을 혼용하지만, 고대에는 그렇지 않았다. 성과 씨는
별개였다.

처음에 사용한 것은 성이었다. 씨보다 성이 먼저 나왔던 것이다.
성은 혈연집단을 구별하는 표지로 사용되었다. 성姓의 한자는 '여자
여女'와 '날 생生' 자로 구성되어 있다. 중국 후한後漢 시대 허신許慎이
쓴 한자 해설서인《설문해자說文解字》에서는 '성姓'을 "어머니가 하늘
에 감응해 자식을 낳는다"고 풀이했다. 이 해설에서 나타나듯이 어

머니, 즉 여성이 아이를 낳는 것에 착안해 '성' 자가 나왔다. 이것은 성이 고대에는 모계 혈통에 따라 정해졌음을 의미한다.

고대사회에서는 모계 혈통에 따라 성이 명명되는 것이 불가피했다. 지금과 같은 결혼제도가 생기기 전, 이성 간의 접촉이 원칙 없이 이루어지던 고대에는 아이의 양육을 여성이 책임질 수밖에 없었다. 당시에는 여성과 자녀를 한 단위로 묶어서 인식했다. 그래서 어머니를 기준으로 성을 붙이고, 그것을 근거로 집단을 특정했다.

인류학자 루이스 모건Lewis Morgan이 《고대사회Ancient Society》에서 말한 '집단혼'이라는 개념이 생겨난 뒤에도 마찬가지였다. 한 무리의 여성들과 한 무리의 남성들이 집단적으로 혼인하던 이 시대에도 아이 양육은 대부분 여성의 몫이었다. 한 여성이 반대편 집단의 남성 모두를 남편으로 받아들이는 집단혼 상태에서는 아이의 아버지가 누구인지는 잘 드러나지 않았다. 외형상 확실한 것은 아이의 어머니가 누구인가 하는 것뿐이었다. 여성이 아이를 양육하다보니, 여성과 아이로 구성된 가족 역시 여성을 중심으로 운영되었다. 그 결과 인류 사회 초기에는 모계 중심으로 아이의 성이 정해질 수밖에 없었다. 한자 '성姓'은 이러한 인류사를 표현하기에 적합한 단어다. 이에 비하면 영어 'family name'이나 'surname'은 역사성이 부족하다고 평가할 수도 있다.

동아시아가 부계사회로 이동한 뒤에도 성은 계속해서 부계사회의 명칭으로 사용되었다. 한자에 담긴 모계제의 흔적과는 관계없이 혈연집단을 나타내는 표지로 계속 활용되었던 것이다. 달라진 점이 있다면, 모계사회에서는 성이 어머니 쪽의 혈통을 표시한 데 반해, 부계사회에서는 아버지 쪽의 혈통을 표시하게 되었다는 점이다.

이러한 상황에서 '씨'가 등장했다. 씨는 성에서 갈라져 나왔다. 씨는 지역·직업·관직명 등을 기준으로 명명되었다. 즉 어디에 사는가, 무슨 일을 하는가, 관직은 무엇인가 등이 씨에 반영되었다. 성이 혈통을 표시하고, 씨가 그 외의 정보들을 표시했다.

씨가 등장한 뒤에 한동안은 성과 씨가 공존했다. 그러다가 진시황秦始皇이 중국을 통일한 이후로는 성과 씨를 이중으로 사용하는 일이 없어졌다. 이때부터는 성과 씨에 담긴 고대의 의미가 사라지고, 성이 씨의 의미로도 사용되고, 씨가 성의 의미로도 사용되었다. 오늘날 우리가 "저 사람은 성이 뭐예요?"라고 물어도 "○씨예요"라고 답하는 것과 같다. 우리 시대 사람들은 성과 씨라는 별개의 단어를 쓰면서도 둘 사이의 차이에 개의치 않고 둘을 같은 의미로 사용한다.

성과 씨의 구분이 모호해지기 전에 그 둘을 각각 다른 용도로 사용했던 사례로 《사기》에 적힌 강태공姜太公에 대한 기록을 들 수 있다. 강태공이 정확히 언제 태어나 언제 죽었는지는 알 수 없다. 그는 주周나라 무왕武王을 도운 공신이다. 무왕은 기원전 1087년에 태어나 기원전 1043년에 사망했다. 이를 통해 강태공이 기원전 11세기 사람이라는 것만 추측할 수 있다. 그가 살던 기원전 11세기에

성과 씨가 함께 사용되었다는 점이 《사기》〈제태공 세가齊太公世家〉
편에서 확인된다. 태공 앞에 '제齊'를 붙인 것은 강태공이 지금의 산
동성에 해당하는 제齊나라 제후로 책봉되었기 때문이다. 〈제태공
세가〉에서는 강태공의 신상을 다음과 같이 기술했다.

> 태공망太公望 여상呂尙은 동해 해변에 사는 사람이다. 그의 조상은
> 예전에 사악四嶽을 관장하고 우임금을 보좌해 물과 토지를 다스
> 리는 데 큰 공을 세웠다. 순임금과 우임금 때 여呂 땅을 받기도 하
> 고 신申 땅을 받기도 했다. 성은 강姜씨다. 하夏나라·은殷나라 때
> 신 땅과 여 땅은 방계 자손에 의해 차지되기도 하고 일반 백성에
> 게 넘어가기도 했다. 상尙은 그들의 후예다. 본래 성은 강씨이지
> 만 봉토를 성으로 삼았기 때문에 여상이라 부른다.

여상이 태공망으로 불린 것은 그와 주나라 문왕文王의 첫 만남에
서 기인한다. 주나라의 기틀을 닦은 문왕은 강가에서 낚시하던 강
태공을 만났다. 문왕은 단번에 그가 마음에 들었다. 문왕은 "내 선
왕이신 태공께서는 성인이 주나라에 와야 주나라가 부흥할 것이라
고 말씀하셨습니다"라면서 "나의 태공께서 당신을 오래 기다렸습
니다"라며 기쁨을 표시했다. '태공이 오래 기다리다'라는 부분의 원
문이 "태공망太公望"이다. 이 때문에 태공망이 강태공의 호가 된 것
이다.

앞의 인용문에 따르면, 강태공의 조상은 4대 산악을 관장하는 관직에 있었다. 4대 산악은 중국 천자가 제사를 지내는 곳이었다. '악嶽'이라는 표현이 등장하는《시경》〈대아大雅〉편의 시구와 관련해,《시경》해설서인《모시정의毛詩正義》에서는 "동쪽은 태산, 남쪽은 형산, 서쪽은 화산, 북쪽은 항산"이라고 설명했다. 여기에 중앙의 숭산을 더해 오악이라고 한다. 강태공의 조상은 태산·형산·화산·항산을 관장하는 직책에 있었던 것이다.

나라에 충성한 공로로 강태공의 조상은 여 땅과 신 땅을 봉토로 받았다. 이때의 성은 강姜이었다. 이 대목에서 사마천은 "성은 강씨다"라고 말했다. 원문은 "성강씨姓姜氏"다. 강태공의 시대에는 성과 씨가 따로 쓰였으므로 '성은 강이다'라고 표현하는 것이 맞다. 강태공은 성은 강이지만 씨는 여였다. 그럼에도 사마천이 '성은 강씨'라는 표현을 쓴 데는 이유가 있었다. 사마천은 강태공보다 후세 사람이다. 사마천이 살던 때는 진시황이 중국을 통일한 이후인 한漢나라 시대였다. 이 시대 사람들은 성과 씨를 제대로 구분하지 못했다. 두 가지가 혼합적으로 사용되었기 때문이다. 그래서 사마천도 '성은 강씨'라는 모순된 표현을 사용한 것으로 보인다.

강태공은 강이라는 성을 가진 조상을 두었다. 하지만 정작 본인은 여라는 씨를 통해 보다 잘 식별되었다. 강태공은 여 땅과 신 땅에 흩어져 사는 강성姜姓 집단 중에서 여 땅 사람으로 분류되었다. 그래서 강성보다는 여씨로 알려졌다. 그는 성은 강이고 씨는 여인 사람이었다. 앞의 인용문 마지막 부분에서 사마천은 "봉토를 따서 성을 삼았기 때문에 여상이라 부른다"고 적었다. 여가 성이라는 설명이다. 하지만 여는 씨였다.

우리가 기억하고 넘어갈 것은, 강태공의 사례에서 알 수 있듯이 진나라 이전에는 개인이 성과 씨를 모두 가지는 경우가 있었다는 점이다. 이 사실은 김부식이 신라 왕조를 박·석·김의 3성씨로 나눈 배경을 이해하는 데 도움이 될 것이다.

성씨의
복합적인 기능

성이 먼저 나오고, 씨가 나중에 나왔다. 이 둘은 모두 집단을 가리키는 명칭으로 사용되었다. 성을 정할 때는 혈연이 기준이 되었다. 그런 다음 동일 혈족을 씨로 나눌 때는 지역·직업·관직 등이 기준이 되었다.

고대에도 오늘날처럼 성과 씨가 부계 혈통을 나타내는 기능만 했다고 생각할 수도 있다. 하지만 고대에는 가문의 의미가 지금과 달랐기 때문에, 성과 씨의 의미 역시 지금과 다를 수밖에 없었다. 고대의 가문은 혈연집단뿐 아니라 기업·정당·학교 등의 역할까지 겸했다.

가문이 기업 역할을 했다는 점은, 얼마 전까지만 해도 지주 가문이 노비 출신의 소작농을 거느리고 토지를 경영한 사실에서 드러난다. 지주 가문은 대기업 혹은 중소기업의 위상이 있었고, 소작농은 하청기업의 위상이 있었다. 가족 단위로 경제활동을 했기 때문에 하나의 가정은 하나의 기업이나 마찬가지였다.

16세기에 조선에서 13년간 생활한 헨드릭 하멜Hendrik Hamel은 《하멜 표류기Relation du Naufrage d'un Vaisseau Hollandois》에 "어떤 양반은 2천~3천 명에 달하는 노비를 보유하고 있다"고 적었다. 노비들이 주인집에서 다 함께 사는 것이 아니었다. 이들은 일정 지역에 분포한 주인의 농토를 조금씩 나누어 경작했다. 이 경우 주인집은 농업 대기업이고 소작농 집안은 농업 하청기업이었다.

위에서 설명한 것은 미시적인 관점에서 가문의 경제적인 역할을 바라본 것이다. 거시적인 관점에서도 가문의 그 같은 역할을 조명할 수 있다. 거시적인 관점에서 가문이 기업 역할을 했다는 점은, 왕실이 국가 전체의 토지를 상징적으로 소유한 상태에서 이 토지를 백성에게 빌려주고 경영을 보장하는 조건으로 세금을 거둔 사실에서도 드러난다.

다른 왕실도 마찬가지였지만, 신라 왕실은 지금의 경북 지역에 해당하는 토지를 상징적으로 소유한 상태에서 백성들에게 빌려주었고, 그들을 보호하는 대가로 세금을 거두었다. 그래서 경북 땅 안에서는 신라 왕실이 최고이자 최대의 기업이었다. 신라 왕실은 나

라의 토지 전체를 상징적으로 보유하는 것 외에 일부 토지를 직접
보유했으며, 노비의 노동력을 동원해 이를 경작했다. 직접 보유한
부동산이 많았기에 왕족이 죽을 때마다 이 산 저 산에 왕릉을 비롯
한 무덤을 조성할 수 있었던 것이다.

　지금의 서울 주변에 왕릉이 많은 것은 그 지역이 대부분 왕실 직
할지였기 때문이다. 이렇듯 왕실은 고대사회의 최고 재벌이었다.
그 아래에 있는 지주들은 대기업이나 중소기업의 역할을 했고, 소
작농들은 하청기업의 역할을 했다. 고대에는 왕실과 민간이 이처럼
경제적인 상하 구조로 얽혀 있었다.

　한편 가문은 정치집단의 위상도 겸했다. 한반도의 역대 왕조가
훌륭한 사례다. 왕실은 왕조의 통치권을 대대로 계승했다. 귀족 가
문도 왕실에 버금가는 위상을 가졌다. 정도의 차이는 있지만 귀족
가문은 정치권력을 집단적으로 행사했다. 개인이 아니라 가문이 정
치활동의 주체가 되는 경우가 많았다. 고려 중기에 최충헌崔忠獻 가
문은 4대 60년에 걸쳐 최고의 권력을 행사했다. 조선 후기인 19세
기 초중반에 안동 김씨와 풍양 조씨는 세도 가문으로서 한 시대를
풍미했다. 이와 같은 사례는 가문 단위로 정치활동이 전개되었던
옛날 사회의 풍경을 보여준다.

　이처럼 가문의 표식인 성씨는 혈연집단뿐 아니라 지금으로 치면
정당·기업·학교 등을 종합적으로 나타냈다. 고대사회에서는 정치·
경제·교육 등이 분업화되지 않고 하나의 집단에서 복합적으로 수

행되었다. 그러한 까닭에 가문이 종합적인 기능을 수행할 수 있었던 것이다.

신라 사회에서는 박씨가 최고의 정치집단이자 기업이자 학교였다. 박씨는 단순히 박혁거세의 후손임을 나타내는 표지에 그치지 않았다. 신라 사회에서는 박씨 집단의 소속이라는 사실이 개인의 성공 여부를 가늠하는 최고의 지표였다.

그런데 김부식은 《삼국사기》〈신라 본기〉를 편찬하면서 이와 같은 고대사회의 특성을 반영하지 않았다. 그는 신라 사회에서 박씨가 지니는 무게를 무시했다. 그는 박씨 집단에 석씨가 들어가 최고 총수가 되자 박씨 집단이 석씨 집단으로 바뀐 것처럼 서술했다. 그러다가 박씨가 다시 최고 총수가 되자 석씨 집단이 다시 박씨 집단으로 바뀐 것처럼 서술했다. 나중에 김씨가 그 집단에 들어가 총수가 되자 박씨 집단이 다시 김씨 집단으로 바뀌었다는 식으로 서술했다.

이것은 상당히 우스운 이야기다. 오늘날의 재벌 가문을 예로 들어보자. H그룹에서 일하던 사원이 S그룹에 스카우트되었다. 그 후 S그룹의 사위가 되더니 나중에는 총수의 자리에 올랐다. 그렇다면 S그룹의 명칭이 H그룹으로 바뀌어야 하는가? H그룹의 일원이었던 사람이 S그룹의 총수가 되었다고 해서 S그룹이 H그룹으로 바뀌는가? 그가 K씨라면, 앞으로 S그룹은 K씨 집안이 되는 것인가?

신라 왕실의 경우에도 마찬가지다. 이 집단에 들어간 사람은 대외적으로 박성의 일원으로 인식되었다. 성씨가 혈족 외에 정치집단·기업·학교 등의 표지로도 쓰이던 시절에, 외부에서 누군가가 박성 집단에 들어가면 그는 대외적으로 이 집단의 일원으로 인식될 수밖에 없었다. 그러므로 박성 왕실의 여성과 혼인한 사람은 박성의 일원으로 여겨졌다. 원래 그가 김씨였더라도 박성 가문에 들어간 이상은 박성으로 인식되었다. 물론 그가 과거에 김씨였다는 사실이 기록 혹은 사람들의 기억 속에 남아 있을 수는 있었다. 하지만 그의 새로운 인생은 박성을 중심으로 영위되었다. 과거에 어떠했건 간에 박성으로 사는 것이다.

그런데 박성의 사위가 된 사람은 과거에 김씨나 석씨였다 하더라도 경우에 따라서 왕실의 우두머리가 될 수 있었다. 신라 왕실에 이러한 전통이 생긴 것은 제2대 남해왕南解王 때였다.

제3장

왕실

수장이 된

사위

이방인의
출현

신라가 세워지고 얼마 지나지 않았을 때였다.《삼국사기》〈신라 본기〉 '탈해이사금' 편에 따르면 "왜국 동북방 1천 리"라고 표현한 곳에서 온 누군가가 신라 땅에 출현했다. 바로 석탈해였다.

　석탈해 신화에 관한 국문학계의 연구 결과에 따르면, "왜국 동북방 1천 리"는 일본 사할린섬 동북쪽에 위치한 캄차카반도일 가능성이 높다. 물론 일본열도와 캄차카반도의 거리가 실제로 1천 리인 것은 아니다. 고대에는 먼 곳이나 많은 것을 지칭할 때 천이니 만 같은 숫자를 관용적으로 사용했다. 이러한 습관은 오늘날에도 남아 있다. "백 번 천 번 잔소리했다"고 말할 때의 백 번과 천 번이 잔소리의 정확한 횟수를 의미하지 않는 것과 같다. 그러므로 1천 리라는 숫자 자체는 중요하지 않다. 중요한 것은 그곳이 일본 동북쪽에서 멀리 떨어져 있다는 점이다.

석탈해를 캄차카반도 출신으로 추정하는 이유가 위와 같은 지리적인 근거 때문만은 아니다.《삼국사기》〈신라 본기〉'탈해이사금' 편에는 석탈해가 처음 신라에 등장했을 때 까치가 뒤따라왔다고 적혀 있다. 그리하여 '까치 작鵲' 자에서 '새 조鳥' 자를 떼어 '석昔'이라는 성씨를 만들었다는 것이다. 캄차카반도의 카멘스코예 Kamenskoye라는 해변 마을에도 까치와 관련된 인물이 먼 나라로 도주했다는 신화가 있다. 그래서 캄차카반도와 석탈해의 관련성에 한층 더 촉각을 곤두세울 수밖에 없는 것이다.

캄차카반도 신화에 따르면, 해변 마을에 사는 한 인간 여성이 까마귀 남성과 결혼했다. 그런데 이 여성은 까치 남성을 은밀히 사귀었고 아이들까지 낳았다. 당연한 말이지만 이 아이들은 까치 알에서 태어났다. 이를 눈치챈 까마귀 남성에 의해 쫓겨난 까치의 아이들은 바다 멀리 사라졌다고 한다. 까치 아이가 외지로 추방되었다는 신화는《삼국사기》〈신라 본기〉'탈해이사금' 편의 내용과 상당히 흡사하다.《삼국사기》에 따르면, 석탈해의 나라에서 왕비가 알을 낳았고, 그 알에서 아이가 나왔다. 알에서 나온 아이가 바로 석탈해였다. 이 사실을 안 왕이 분노했고, 이로 인해 석탈해가 바다를 건너 한반도까지 도주해왔다고 한다.

이처럼 캄차카반도 신화와 석탈해 신화는 여러 모로 유사한 내용을 담고 있다. 이러한 점을 보면, 석탈해가 캄차카반도 출신일 가능성이 있다는 국문학계의 연구 결과가 상당부분 진실을 반영했다고 해석해도 무방할 것이다.

석탈해가 한반도에 도래한 시점에 대해서는 기록마다 차이를 보인다. 《삼국사기》에는 기원전 19년으로, 고려 시대에 지은 《가락국기駕洛國記》에는 서기 44년으로 적혀 있다. 《가락국기》는 지금은 전하지 않는 책이지만 그 내용의 일부가 《삼국유사》에 소개되어 있다. 두 기록 가운데 어느 쪽이 맞는지는 확실치 않다.

《삼국사기》에서는 석탈해가 항아리에 실린 채 신라에 출현했다고 설명한다. 이 표현대로라면 석탈해는 혈혈단신으로 한반도에 왔다는 의미로 풀이할 수 있다. 반면 《가락국기》에 따르면, 그는 수백 척의 선박을 이끌고 온 세력가였을 가능성이 매우 높다. 《가락국기》에서는 석탈해가 처음에는 신라가 아닌 가야에 정착하려 했다고 말하고 있다. 그러다가 가야 왕 김수로金首露와의 경쟁에서 패해 신라로 도망갔다는 설명이다. 석탈해가 도주한 곳은 해상이었다. 이때 김수로는 도망가는 석탈해를 분쇄할 목적으로 함선 500척을 띄웠지만 체포하는 데는 실패했다. 석탈해는 무사히 신라 영역에 진입했다.

김수로가 석탈해를 잡기 위해 500척의 함선을 띄웠다면, 석탈해가 거느린 세력이 적지는 않았을 것이다. 이는 석탈해가 상당한 세

력을 가진 상태에서 고국을 떠났을 가능성을 보여준다. 《삼국사기》
에 적힌 대로 그가 왕비의 몸에서 태어났다면, 왕의 친생자건 아니
건 간에 그만한 세력을 보유하는 것이 어렵지 않았을 것이다.

신라는 동해에 접해 있는 나라였지만 전통적으로 해상 전력이
약했다. 왜군이 걸핏하면 바다를 건너와 신라 본토를 위협했을 뿐
아니라 심지어는 수도인 서라벌까지 위협하는데도 신라는 꼼짝없
이 당하기만 했다.

신라 제14대 군주인 유례왕과 신하 홍권弘權의 대화에서도 이 점
이 드러난다. 유례왕은 왜군이 안방 드나들듯 자국 영토를 유린하
는 데 질렸다. 그래서 백제와 연합해 동해를 건너 일본을 치는 것이
어떻겠느냐는 제안을 내놓았다. 《삼국사기》 〈신라 본기〉 '유례이사
금' 편에 따르면, 이때 홍권은 "우리는 본래 해상 전투에 익숙하지
못합니다"라면서 "이런 상황에서 무리하게 멀리 쳐들어갔다가 뜻
하지 않은 위험을 당할까 두렵습니다"라며 왕의 뜻을 꺾었다.

박혁거세가 신라를 세우기 전에 그 땅에 살던 사람들은 고조선
유민들이었다. 고조선 유민 가운데 농경 지식을 아는 이들도 일부
있었지만, 대다수는 유목민이었다. 박혁거세 역시 유목민 출신으로
추정된다. 유목민 집단도 새로운 환경에 적응하면 농경민도 되고
해양민도 되고 산림민도 될 수 있지만, 신라인들의 경우 바다 환경
에 적응하는 데 많은 어려움을 겪었다. 신라가 멸망하기 1세기 전
인 9세기 초반까지도 이러한 약점은 해소되지 않았다. 당나라 장교

출신인 장보고張保皐가 신라 서남해안을 관리하고 한·중·일 삼국의 해상망을 관장할 수 있었던 것은, 신라 정부가 바다를 관리하지 못했기 때문이다.

이러한 신라에, 가야가 함선 500척을 동원해 추격했을 만큼의 세력을 거느린 해상집단의 수장인 석탈해가 망명했다. 그의 해상 전력은 신라의 힘으로 배척할 수 있는 수준이 아니었던 것 같다. 그래서인지 석탈해가 신라에 정착하는 과정에는 일종의 우격다짐 같은 분위기가 느껴진다.《삼국유사》〈기이紀異〉편에는 그가 신라에 정착한 뒤에 저명한 귀족인 호공瓠公의 집을 빼앗는 장면이 나온다. 이 집은 서라벌 성내의 명당을 차지하고 있었다. 그 터를 차지할 목적으로 석탈해가 자신의 힘을 사용했던 것이다. 이 사례는 석탈해가 신라에 정착하는 과정에서 무력 혹은 불법적인 수단을 사용했음을 시사한다.

귀족 호공만 석탈해에게 위협을 느낀 것은 아닌 듯하다. 신라 왕실 역시 위협을 느꼈던 것 같다. 상당한 규모의 함선을 보유한 세력을 해안에서 막지 못하고 나라 안으로 들였으니, 왕실로서도 겁을 먹을 수밖에 없었을 것이다. 그리하여 신라 왕실은 중대한 결정을 내렸다. 이 이방인을 내쫓기보다는 포용하기로 했던 것이다. 이 결정은 신라 왕실의 왕위 계승 체계에 중대한 영향을 미쳤다.

이때 신라 왕실이 석탈해를 포용하지 않았다면, 이 책을 써야 할 필요성도 애당초 생기지 않았을지 모른다. 만약 그랬다면 신라는 계속해서 박성의 나라로 남았을 것이기 때문이다. 석탈해의 등장으로 신라 왕실에는 '변화'가 생겼고, 이는 오늘날 우리가 신라 왕실을 이해하기 어렵게 만드는 원인을 제공했다.

석탈해, 박성 왕실의
사위가 되다

신라 왕실은 석탈해를 배척하기보다는 포용하는 쪽을 택했다. 신라
로서는 그를 당해낼 힘이 없었을 것이다. 어쩌면 석탈해의 해상 능
력을 활용하고픈 욕심도 생겼을 수 있다. 신라 왕실은 그를 사위로
맞이했다. 석탈해가 도래할 당시 신라 군주는 제2대 남해왕이었다.
남해왕은 석탈해를 장녀인 아효공주阿孝公主와 결혼시켰다. 이로써
석탈해를 왕실의 일원으로 받아들였다. 우리말에 '시집가다'와 '장
가가다'라는 표현이 있는데, 석탈해의 경우에는 장가를 간 것이었
다. 석탈해가 박성 왕실의 일원이 되었다고 말하는 것은 바로 그 때
문이다. 석탈해가 아효공주를 자신의 집으로 데려간 것이 아니라,

석탈해가 박성 왕실에 들어가 그 일원이 되었다.

석탈해가 박성 왕실의 일원이 되었다는 점은 두 가지 사실로 입
증된다. 우선 한민족의 결혼 문화다. 한민족의 결혼은 전통적으로
데릴사위제로 이루어졌다. 시집가는 것이 아니라 장가가는 것이 우
리의 결혼 풍속이었다. 이 같은 풍속은 중국인의 눈에 인상적으로
포착되기도 했다. 《삼국지三國志》〈동이 열전〉'고구려' 편에 다음과
같은 기록이 있다.

> 혼인을 할 경우, 약속이 되면 여자 집에서 큰집 뒤에 작은집을 짓
> 는다. 이것을 서옥壻屋이라고 한다.

위의 기록은 고구려의 데릴사위 문화에 관한 것이지만, "(신라의)
풍속과 법률·정치 및 의복은 대체로 고구려·백제와 같다"고 언급
한 《수서》〈동이 열전〉'신라' 편을 참조하면 신라에도 이와 동일한
풍속이 있었음을 알 수 있다. 《삼국지》의 기록은 신부 집에서 결혼
식을 올린 다음에 서옥, 즉 사위 방을 지었다는 설명이다. 신부 집
에 별채를 지어 신방을 꾸며주었던 것이다. 그렇다면 신혼부부는
서옥에 얼마나 머물렀을까?

> 처가에 의존해서 재산을 축적하다가 아이가 장성하면 처자를 데
> 리고 자기 집으로 돌아간다.

옛날에는 15세 정도 나이에 이르면 백성의 한 사람으로 국역을 부담했다. 그 나이쯤 되어야 '장성했다'고 할 수 있었다. 이를 감안하면 자녀가 15세 정도가 될 때까지는 일반적으로 신부 집에서 살았을 것이라고 추정할 수 있다. 어떤 경우에는 죽을 때까지 신부 집에서 살기도 했다. 신부 집을 기반으로 오랫동안 생활하다가 신랑 집으로 옮겨가면 경제적인 어려움에 처할 수도 있었다.

데릴사위제는 조선 시대까지도 영향을 미쳤다. 이 점은 조선 최고의 유학자 중 한 명인 율곡 이이李珥가 강릉에서 출생한 사실에서도 증명된다. 이이의 아버지인 이원수李元秀는 경기도 파주 사람이었다. 강릉은 이이의 어머니인 신사임당申師任堂의 고향이다. 이원수가 강릉에서 한동안 데릴사위 생활을 했기 때문에 이이가 외갓집에서 출생했던 것이다. 이이는 6세가 되어서야 파주로 이사했다. 이이의 출생지인 강릉 오죽헌의 정문에는 이곳의 내력을 설명하는 안내문이 있다. 이 안내문에서도 데릴사위제의 영향을 확인할 수 있다. 안내문의 일부는 다음과 같다.

> 오죽헌은 강릉 유현儒賢인 최치운崔致雲의 창건으로 아들 최응현
> 崔應賢은 사위 이사온에게 물려주고 이사온은 다시 사위 신명화
> (사임당의 부친)에게, 신명화는 다시 사위 권화에게 물려주면서
> 그 후손들이 관리해오던 중 1975년 오죽헌 정화사업으로 문성사
> 文成祠, 기념관 등이 건립되어 현재와 같은 면모를 갖추고…….

강릉 선비 최치운이 지은 오죽헌은 주로 이 집안의 사위들에 의해 계승되었다. 최응현만이 아버지를 이어 이곳을 소유했을 뿐이다. 그 이후에는 이씨 사위·신씨 사위·권씨 사위가 대를 이어 소유권을 계승했다. 이곳에 장가를 갔다가 평생 눌러앉은 사위들이 있었던 것이다. 이런 예는 다른 가문에서도 얼마든지 발견할 수 있다.

석탈해가 결혼할 당시에는 데릴사위 문화가 조선 시대보다 훨씬 더 강력했다. 그도 이러한 문화를 거역할 수 없었다. 석탈해 역시 박성 가문에 들어가 데릴사위 생활을 했다. 이것은 그가 박성 왕실의 일원이 되었음을 의미한다. 그는 석성 가문이 아닌 박성 가문으로 들어갔던 것이다.

석탈해가 박성 왕실의 일원으로 편입되었음을 보여주는 또 다른 증거가 있다. 그가 박성 가문의 아들과 동등한 지위를 취득했다는 사실이다. 남해왕의 사위가 된 석탈해는 2년 뒤 재상직인 대보大輔에 올라 권력을 장악했다. 《삼국사기》〈신라 본기〉 '남해차차웅南解次次雄' 편에 따르면, 남해왕은 석탈해에게 군사와 행정에 관한 전권을 맡겼다. 이것은 석탈해가 단순한 재상이 아니라 실질적인 최고 권력자가 되었음을 의미한다.

이방인인 석탈해가 왕실의 일원이 될 수 있었던 것은 일차적으로 그의 지지기반 덕분이었다. 그의 해상 세력이 큰 힘이 되었으리라 추정할 수 있다. 한편 '남해차차웅' 편에서는 석탈해가 부마가 된 것이 그가 어질기 때문이라고 적었다. 그렇다면 석탈해는 세력이 있어서가 아니라 어질고 현명하기 때문에 왕실 사위가 되었던 것일까?

'남해차차웅' 편에서 '어질다'에 사용된 한자는 '현賢'이다. 고대에는 '현' 자가 꼭 인품만을 가리키는 표현이 아니었다. 이는 인간을 전반적으로 평가하는 잣대였다. 인품은 물론이고 실력까지도 포괄하는 광범위한 개념이었던 것이다. 《삼국사기》〈고구려 본기〉 '고국천왕故國川王' 편의 한 논평에서 이를 확인할 수 있다. 여기에서는 "옛날에 명철한 군주들은 현자를 등용할 때 형식에 얽매지 않으며 이들을 기용할 때 의심을 품지 않았다"면서, 현자의 예로 제갈공명諸葛孔明을 언급한다. 유능한 인재인 제갈공명을 현자로 인식했던 것이다. 오늘날 우리가 사용하는 인재라는 개념이 과거에는 현자라는 표현 속에 담겨 있었다. 5세기 전반에 송宋나라 유의경劉義慶이 쓴 일화집 《세설신어世說新語》에서도 똑같은 분위기를 느낄 수 있다. 여기서는 주나라 무왕이 상용商容이라는 현자를 찾아가는 과정을 군주가 인재를 찾아가는 과정으로 다루었다.

남해왕이 석탈해를 받아들인 명분인 '현賢'은 석탈해가 가진 능력을 전반적으로 포괄하는 개념이었다고 보아야 한다. 이렇듯 석탈해의 능력은 이방인인 그를 박성 가문의 일원으로 편입시키는 데 결정적인 역할을 했다.

사위에게도 부여한
왕위 계승권

신라 왕실에 없는 해상 능력을 가진 이방인이 신라 군주의 사위가 되고 이어서 최고 권력자까지 되었다. 이방인을 사위로 맞이한 남해왕의 마음도 좋지 않았겠지만, 남해왕 못지않게 마음이 싱숭생숭했을 인물이 있다. 바로 남해왕의 태자인 박유리朴儒理다. 석탈해가 두각을 나타내자 그의 지위는 불안해질 수밖에 없었다.

신라 왕실은 석탈해를 사위로 맞이했지만, 이것으로 고민이 끝나지는 않았다. 남해왕이 죽은 뒤에 막강한 석탈해가 박유리의 입지를 흔든다면, 신라의 종묘사직이 위태해질지 모를 일이었다. 석탈해가 쿠데타라도 벌인다면, 신라 왕조는 고작 제3대 만에 몰락할 수도 있었다. 이에 남해왕은 현실적인 결단을 내렸다. 석탈해를 후계자 후보군에 넣은 것이었다. 이미 박유리가 태자 신분을 가지고 있었지만, 개의치 않고 사위인 석탈해에게도 기회를 주었다. 《삼국사기》〈신라 본기〉 '유리이사금' 편에서는 김대문金大問의 기록을 인용해 이 상황을 다음과 같이 묘사했다.

> 옛날에 남해가 죽기 직전에 아들 유리와 사위 탈해에게 "내가 죽거든 너희 박·석 두 씨 중에서 나이가 많은 이가 왕위를 계승하도록 하라"고 말했다.

이에 따르면, 남해왕은 이미 태자가 된 박유리뿐 아니라 사위인 석탈해에게도 왕이 될 수 있는 기회를 열어주었다. 왕실 입장에서는 굴욕적이라고 할 수 있는 조치를 통해 남해왕은 석탈해가 왕실을 전복할 가능성을 차단하고자 했던 것이다. 이렇게 해서 석탈해는 사위가 된 데 이어 왕위를 계승할 수 있는 자격까지 획득했다.

그런데 위의 인용문을 읽을 때 주의할 것이 있다. 김부식은 "너희 박·석 두 씨"라는 부분을 "여박석이성汝朴昔二姓"으로 표기했다. '두 씨'라고 하지 않고 '두 성'이라고 한 것이다. 앞에서 살펴본 고대사회의 문화를 고려할 때, 이성二姓은 이씨二氏로 바뀌어야 한다. 사마천처럼 김부식도 성과 씨의 구분이 모호하던 때에 살았던 사람이다. 그래서 김부식은 성과 씨를 명확하게 구분하지 않았다.

시중에 나와 있는《삼국사기》번역본 가운데는 '박·석 두 씨'라
는 부분을 '박·석 두 가문'이라고 표기한 것도 있다. 이러한 번역은
당시의 시대상을 고려하지 않은 결과물이다. 석탈해가 왕실 가문에
들어간 것이기 때문에 '두 가문'이라는 표현은 성립할 수 없다. 가
문은 기존의 박성 왕실 하나뿐이었다.

"내가 죽거든 박·석 두 씨 중에서 나이가 많은 이가 왕이 되어
라"는 남해왕의 유언은 신라 왕실의 구조에 중대한 변화를 가져왔
다. 이전까지 왕실은 박혁거세와 알영閼英의 후손들로 구성되어 있
었다. 이 왕실은 두 가문 사이의 폐쇄적인 혼인을 통해 자신들의 신
성성을 유지했다. 그런데 남해왕은 이 왕실에 석탈해의 혈통이 들
어오는 것을 인정했다. 신라 왕실은 외부인이 사위가 되는 것을 인
정했고, 사위가 왕자와 똑같은 지위를 얻는 것을 받아들였다.

남해왕의 유언에서 눈여겨볼 대목은 석탈해 한 사람만을 후계자
로 인정한 것이 아니라, 석탈해의 혈통을 후계자로 받아들였던 점
이다. 남해왕은 박혁거세의 혈통과 석탈해의 혈통을 상호 대등한
존재로 삼았다. 그래서 '둘 중 연장자를 왕으로 세우라'고 했던 것
이다. 남해왕은 신라 왕실 안에서 석탈해파가 박혁거세파와 대등하
게 공존할 수 있도록 인정했다.

제2장에서 강태공의 사례를 살펴보았다. 강태공은 강성이면서
여씨였다. 크게 보면 강성의 일원이고 작게 보면 여씨의 일원으로,
소속이 이중적이었다. 남해왕의 유언도 신라 왕실 구성원의 지위에

그러한 이중성을 부여했다고 볼 수 있다. 크게 보면 이들은 박성의 일원이었다. 하지만 작게 보면 박혁거세파 혹은 석탈해파의 일원이었다. 신라 왕실 자체가 아니라 신라 왕실의 분파라는 새로운 위상을 얻은 박혁거세파는 크게 보면 박성이고 작게 보면 박씨였다. 따라서 신라 왕실에서는 '박'이 성과 씨의 이중 의미를 가졌다. '박'은 왕실 전체를 가리키는 명칭이자 왕실 내의 분파를 가리키는 명칭이기도 했던 것이다.

지금까지 우리는 신라에 박·석·김 3대 왕족이 있었다고 믿었다. 이러한 생각은 신라에 박씨 왕실도 있고 석씨 왕실도 있고 김씨 왕실도 있었다는 말과 다르지 않다. 하지만 하나의 나라에는 하나의 왕실이 존재할 뿐이다. 석탈해가 들어온 이후의 신라 역시 마찬가지였다. 이때도 신라 왕실은 오로지 박혁거세가 세운 박성 왕실 하나뿐이었다. 그러므로 남해왕의 유언을 '박씨 왕실과 석씨 왕실 중에서 연장자를 왕으로 세우라'는 의미로 풀이하는 것은 왕조 시대의 상식에서 벗어난다. 이것은 하나의 왕실에서 두 개의 분파가 평화적으로 정권 교체를 이루도록 만들려는 남해왕의 배려였다.

데릴사위 문화가 일반적인 시대에 석탈해는 남해왕의 사위가 됨으로써 박성 왕실의 일원으로 편입했다. 그가 박성 왕실의 일원이 아니었다면 남해왕은 그를 왕위 계승권자로 인정하지 않았을 것이다. 그는 박성 왕실의 사위가 된 순간부터 백성들의 눈에 박성의 일원으로 비쳐졌다. 한편 그는 해상 세력을 가지고 있어 왕실이 무시할 수 없는 존재였다. 이에 신라 왕실에서는 그에게 왕위 계승권을 주는 동시에 그의 혈통을 왕실 내의 분파로 인정했다. 그리하여 석탈해 혈통은 박성 왕실 내에서 석씨 집단의 정체성을 유지할 수 있었다.

그럼에도 김부식은 이러한 사실을 도외시하고 석탈해의 후손에게 박성이 아닌 석성을 부여했다. 훗날 등장하는 김알지의 후손에게도 마찬가지였다. 유교 중심주의자인 김부식의 눈에는 남자가 처갓집으로 장가간 뒤 처가의 일원이 되는 것이 불편했던 모양이다. 그래서 굳이 그 남자의 원래 성을 부각시켜 남자의 가문이 계속해서 독립성을 유지했던 것처럼 역사를 서술한 것이 아닐까 싶다.

5세기경의 신라 지도를 보면, 신라 영토는 경상북도 정도의 크기였다. 하지만 박혁거세나 남해왕 시대만 해도 신라 영토는 그렇게 크지 않았다. 신라는 경주에서 출발한 소국이었다. 이 소국이 커지면서 경북 지역의 소국들을 속국으로 두게 되었다. 소국 연맹체였던 신라가 경북 지역을 실질적으로 지배한 것은 법흥왕法興王·진흥왕眞興王이 등장한 6세기부터였다. 박혁거세나 남해왕 시절만 해도 신라가 직접 통치하는 영역이 적었을 뿐 아니라 지배력도 그다지 견고하지 않았다.

이렇듯 기반이 허약한 상황에서 남해왕이 석탈해의 존재를 무시했다면, 신라는 석탈해 세력과 싸우다가 멸망했을 수도 있다. 그랬다면 신라는 오늘날 거의 기억되지 않는 소국으로 끝났을 것이다.

신라 제1대 왕의 통치기간은 60년, 제2대 왕의 통치기간은 20년이었다. 남해왕이 석탈해와 무력대결을 펼쳤다면 신라는 건국 100주년도 지나지 않아 멸망했을 가능성이 높다.

하지만 신라 왕실은 지혜를 발휘했다. 강력한 상대에게 맞서기보다는 그를 왕실 일원으로 편입하는 전략을 구사했다. 석탈해를 왕실 일원으로 받아들였을 뿐 아니라 석씨를 왕실의 한 분파로까지 인정했다. 이것이 바로 신라 1천 년 역사의 비결 중 하나였다.

왕권 제안을
고사한 석탈해

남해왕은 박씨는 물론이고 석씨에게도 박성 왕실의 왕위 계승권을
인정했다. 이로써 석탈해 계통도 박성 왕실의 수장이 될 수 있는 가
능성이 열렸다. 하지만 이 가능성은 남해왕이 죽은 직후에는 현실
로 이루어지지 못했다.

남해왕의 태자인 박유리는 아버지의 뜻을 존중하고자 했다. 그
래서 매부인 석탈해에게 자리를 양보하려 했다. 권력은 부자지간에
도 나눌 수 없다는데, 매부한테 왕권을 넘기려 한 것을 보면 박유리
에게 석탈해가 얼마나 버거운 상대였는지 짐작할 수 있다. 그런데
석탈해는 처남의 양보를 받아들이지 않았다. 처음 신라에 정착할

당시 호공의 집을 빼앗은 석탈해였다. 그런 석탈해가 집보다 더 대단한 왕권을 사양했던 것이다. 석탈해의 이전 행적을 볼 때, 이것은 다소 의아한 결정이었다.

《삼국사기》〈신라 본기〉 '유리이사금' 편에 따르면, 태자가 자신에게 왕위를 양보하자 석탈해는 이를 사양했을 뿐 아니라 엉뚱한 제안까지 내놓았다. "거룩한 지혜를 가진 인물은 치아가 많다고 하니, 시험 삼아 떡을 씹어보자"는 것이었다. 떡에 찍힌 잇자국이 많은 사람이 왕이 되는 것이 어떻겠냐고 제안했던 것이다. 선왕이 연장자를 왕으로 만들라고 했는데도, 석탈해는 치아가 많은 쪽을 왕으로 삼자고 했다. 선왕의 유언을 사실상 무시했던 것이다. 향후 정국을 자기 뜻대로 이끌려는 의도를 어느 정도 담은 제안이었다고 볼 수 있다.

석탈해의 제안은 엉뚱했지만, 태자 쪽은 거절하지 않았다. 이에 따라 시험에 들어가보니, 태자의 떡에서 잇자국이 더 많이 나왔다. "유리의 잇금(치아)이 많으니, 이에 좌우 사람들과 함께 옹립하고 칭호를 이사금으로 했다"는 것이 〈신라 본기〉의 설명이다.

송나라 마의도사麻衣道士의 관상학을 정리한 《마의상법麻衣相法》에는 치아 개수의 차이가 무엇을 의미하는지 설명하는 대목이 나온다. 과학적으로 맞느냐 아니냐를 떠나서, 관상학을 신뢰한 고대 동아시아에는 《마의상법》에서 말한 치아 이야기가 널리 퍼졌을 것이다. 《마의상법》은 유리왕과 석탈해보다도 훨씬 뒤에 등장했지만,

고대 이래의 관상학을 정리한 것이므로 이 책에 나온 지식은 유리왕이나 석탈해 이전부터 있었다고 보아야 한다. 《마의상법》을 살펴보면 석탈해가 치아 개수로 왕위를 가리자고 한 배경을 이해할 수 있다. 이 책에서는 치아가 "크고 촘촘하고 길고 곧고 많고 희어야 좋다"고 했다. 개수 문제만 놓고 보면, 치아 개수가 일단 많아야 좋다고 한 것이다. 치아가 어느 정도로 많아야 할까? 그에 대한 설명은 아래와 같다.

> 치아가 38개인 사람은 왕이나 제후이고, 치아가 36개인 사람은 관료이거나 갑부이고, 치아가 32개인 사람은 중인中人의 복록을 누릴 사람이고, 치아가 30개인 사람은 보통 사람이며, 치아가 28개인 사람은 하층의 가난한 부류다.

현생 인류는 사랑니를 포함해 일반적으로 치아가 32개다. 《마의상법》에서는 치아가 32개인 사람은 중인이라고 했다. 중인은 '보통 사람'으로도 번역할 수 있지만, 이 번역은 문맥상 맞지 않다. 바로 다음 구절에서 "30개인 사람은 보통 사람"이라고 적었기 때문이다. 따라서 중인은 다른 의미로 해석해야 한다. 한나라 역사서인 《한서漢書》에서 관직체계를 설명한 〈백관공경표百官公卿表〉는 장행將行이라는 관직을 소개하면서 이 관직에 "중인을 기용하기도 하고 사대부를 기용하기도 했다"고 말했다. 저명한 《한서》 전문가인 당나라 학자 안사고顔師古는 《한서》 해설서인 《한서주漢書注》에서 "중인은 고자다"라고 풀이했다. 따라서 《마의상법》에서 말하는 "중인의 복록"은 환관이 누릴 삶을 지칭한다고 이해해야 한다. 보통 사람보다 치아가 두 개 더 많으면 환관이 될 팔자라는 것이 이 책의 주장인 것이다.

《마의상법》에서 말한 치아가 28개인 사람은 사랑니가 없는 사람이다. 이런 사람은 하층민 생활을 한다고 했다. 치아가 30개이거나 32개인 사람은 사랑니가 있는 사람이다. 이런 사람은 보통 사람 혹은 환관 정도로 산다고 했다. 이에 비해 치아가 훨씬 더 많은 사람은 왕·제후·관료·갑부의 영광을 누릴 것이라고 말했다. 《마의상법》이 그때까지 내려온 관상학을 총망라했다는 점을 감안하면, 고대인 가운데는 치아가 많아야 복을 누릴 수 있다고 생각한 이들이 많았음을 알 수 있다. 석탈해가 치아 개수를 근거로 차기 왕을 가리자고 한 것도 그와 같은 관념에 기인한 것이었다. 복을 많이 누릴 사람을 차기 임금으로 추대하자고 제안했던 셈이다.

석탈해는 태자의 양보를 고사한 뒤, 치아 개수를 세자고 제안했다. 어느 시대이건 임금과 태자의 건강은 왕실 의사들이 세밀하게 관찰했다. 석탈해는 남해왕이 죽기 전부터 국정을 총괄했기 때문에 원한다면 태자 박유리의 치아 개수를 미리 알아낼 수도 있었을 것이다. 그런데도 치아를 세자고 제안한 이유는 그에게 임금이 될 의사가 없었기 때문이라고 볼 수 있다. 임금이 될 욕심이 있었다면,

자신에게 충분한 세력이 있고 태자까지 왕위를 양보하는 상황에서 굳이 그런 제안을 할 필요가 없었을 것이다. 그렇다면 석탈해는 무엇 때문에 박유리에게 왕위를 양보했을까?

차후를
노린 선택

석탈해는 처갓집보다 강력한 힘을 가지고 있었다. 이에 장인인 남해왕은 그에게 왕위 계승의 기회를 주었다. 또 처남인 박유리는 아예 그에게 왕위를 양보하려 했다. 석탈해는 욕심이 많은 사위였다. 호공의 집을 빼앗은 것에서도 그의 탐욕이 잘 드러난다. 그런데 그는 장인이 주는 왕위 계승의 기회는 덥석 받았으면서도 처남이 주는 왕위는 받지 않았다. 왜 그랬을까?

　예나 지금이나 무력만으로는 나라를 다스릴 수 없다. 그것이 가능했다면 폭력조직 두목 같은 통치자가 우후죽순 생겨났을 것이다. 오늘날의 통치자는 주권자인 국민이 합의한 절차에 따라 당선되었다는 표식이 있어야 민주적인 정통성을 갖출 수 있다. 옛날에는 주권이 하늘에서 내려온다는 관념이 지배했다. 그렇기 때문에 하늘의 인정을 받았다는 표식이 있어야 정통성 있는 통치자로 인정받을 수 있었다. 하늘의 인정을 받았음을 입증하는 표식 중 하나는 보통 사람과는 다른 신비한 능력이었다.

고대에는 왕·장군·지식인 같은 상류층 가운데 무속적인 능력을 가진 이들이 많았다. 그들의 직업이 무속인이었다는 의미는 아니다. 신비한 능력을 갖춘 이들이 상류층 지위를 점하는 경우가 많았다는 의미다. 그 시대에는 왕이나 장군 혹은 지식인들이 가끔씩 신비한 능력을 발휘해 대중의 존경을 받았다. 지금은 학교에서 과학적이고 논리적인 교육을 받은 사람들이 사회 각 분야의 지도층에 있지만, 고대에는 무속식 사고방식과 영적인 능력을 갖춘 이들이 사회 곳곳에서 지도층의 지위를 차지했다.

고대 상류층이 보여준 능력 가운데는 현대 과학으로 이해할 수 없는 불가사의한 것들도 있었다. 그 가운데 대다수는 오늘날로 치면 마술에 해당하는 눈속임이었다. 이 점은 기원전 11세기 사람인 강태공이 주나라 무왕에게 통치 비결을 조언하면서 '마술'의 중요성을 강조한 사실에서도 잘 드러난다. 강태공의 정치사상을 담은 책이 《육도六韜》다. '육도'는 문자 그대로 해석하면 여섯 칼자루로, 통치를 위한 여섯 가지 비결이라는 의미다. 이 책의 〈용도龍韜〉편에 따르면, 강태공은 무왕에게 "술사 두 명을 내세워 거짓을 보여주고 귀신을 빙자해서 민심을 현혹하도록 하십시오"라고 건의했다. 마술사를 내세워 눈속임하는 방법으로 민심을 현혹하라고 제안했던 것이다. 이처럼 고대 지배층은 마술을 통해서든 실제 능력을 통해서든 대중에게 신비함을 보여주지 않고서는 지위를 유지할 수 없었다.

진실이든 허구든 간에 적어도 겉으로는 지배층이 영적인 능력을 겸비했기 때문에, 국가 경영 곳곳에 무속적인 요소가 작용했다. 군주가 중요한 결정을 내릴 때 무속인의 의사를 참고했다는 점은 굳이 언급할 필요도 없다. 이러한 풍경은 오늘날의 국가 혹은 재벌 경영에서도 그리 낯설지 않다. 고대에는 국가 경영뿐 아니라 전투 행위 같은 데서도 무속적인 요소가 작동했다. 《육도》〈용도〉 편에는 적군에 대한 공격 방향을 정할 때도 점을 쳐야 한다는 이야기가 나온다. 이 정도로 고대에는 무속이 사회 곳곳에서 힘을 발휘했다.

신라 지배층 내부에 불교가 확산된 것은 6세기부터다. 하지만 민간에서는 오랫동안 불교가 힘을 발휘하지 못했다. 그 당시 민중의 마음을 지배한 것은 한민족의 무속 신앙인 신선교였다. 신선교는 신선이나 선녀가 될 목적으로 수행하는 신앙 체계로, 신선·선녀는 초월적인 상태를 말한다. 신선교 여성 성직자의 후예가 지금도 남아 있다. 바로 무녀다. 신선교가 대중적인 지위를 상실하기 시작한 것은 16세기부터였다.《세조실록世祖實錄》과《예종실록睿宗實錄》에 의하면 15세기에 신선교 서적을 대대적으로 압수하고 16세기에 조광조趙光祖를 비롯한 유학자들이 향약 등을 통해 지방을 장악하면서 신선교의 대중 기반이 약해졌다. 하지만 그 이전까지 서민의 의식을 지배한 것은 신선교였다.

이 신선교가 오랫동안 한민족을 지배했기 때문에, 한민족 내부에서 통치권을 잡는 데도 무속적인 요인이 크게 작용했다. 군사력이 강하다 해도 무속적인 기반이 약하면 통치권을 잡을 수 없었던 것이다. 이 점에서 박성 왕실은 유리했다. 박성 집안은 탁월한 무속 능력을 겸비한 집안이었다. 군사력도 당연히 이 집안의 기반으로 작용했겠지만, 무속 능력도 그에 못지않게 이 집안의 정치권력 획득에 도움이 되었던 것으로 보인다. 이를 기반으로 박성 집안은 토착 세력의 지지를 얻어 새로운 나라를 세울 수 있었다.

박성 가문의 무속 능력이 탁월했다는 점을 입증할 증거는 많다. 일례로 제2대 남해왕을 들 수 있다. 그는 차차웅次次雄 혹은 자충慈充이라는 칭호를 받으며 등극했다. 《삼국사기》 〈신라 본기〉 '남해차차웅' 편에 따르면, 김대문은 "자충은 무당을 가리키는 방언"이라고 말했다. 차차웅이나 자충은 최고위직 종교 사제였던 것이다. 남해는 남자 무당, 즉 박수무당이었다. 그는 이러한 지위를 가지고 신라를 통치했다. 왕이라는 직책만으로 통치한 것이 아니었던 셈이다. 남해왕은 제정일치의 군주였다. 사제 직책으로 종교뿐 아니라 정치까지 직접 관할할 수 있었다는 것은 그의 정치 능력뿐 아니라 무속 능력 또한 탁월했음을 반영한다.

박혁거세와 알영의 자녀 가운데서 남해왕만 그러한 능력을 가졌던 것은 아니다. 제사 문제를 다룬 《삼국사기》 〈제사지祭祀志〉에 따르면, 남해왕의 누이인 아로공주阿老公主도 그와 비슷했다. 아로공주는 시조인 박혁거세 사당의 제사장이었다. 고대사회에서 제사장은 영적인 능력을 가진 사람들이 맡았다. 남해왕뿐 아니라 아로공주도 무속 능력이 있었던 것이다. 이러한 사례들은 이 집안이 고도의 영적 능력을 가졌음을 보여준다.

영적 능력은 박성 가문이 신라를 세울 수 있었던 비결 중 하나였다. 박성 집안의 영적 능력은 이들이 하늘의 승인을 받았음을 입증하기에 충분했다. 우세한 군사력을 가진 석탈해가 제3대 임금 자리를 스스로 포기한 데는 이 부분에 대한 판단도 작용했을 가능성이 있다. 석탈해의 군사력으로 쉽게 넘볼 수 없는 영적 능력이 박성 가문에 있었던 것이다. 고대인들의 입장에서는 군사력을 가진 장군보다 영적 능력을 가진 사제가 더 두려웠다. 박성 가문의 힘은 바로 거기에 기인한 것으로 보인다. 석탈해 입장에서는 자신이 가진 세력으로도 어찌할 수 없는 능력이 박성 가문에 있었고 신라 백성들이 그 능력을 두려워했기 때문에, 태자에게 왕위를 양보하는 것이 유리했을 수도 있다. 그렇지 않았다면 석탈해가 왕위를 포기한 이유를 쉽게 설명하기 어렵다. 하지만 석탈해는 왕위를 일시적으로 포기한 것이지, 영원히 포기한 것은 아니었다.

사위와 공주의
독특한 지위

처남에게 왕권을 양보한 석탈해는 유리왕이 죽은 뒤에 제4대 임금이 되었다. 유리왕에게는 박일성朴逸聖과 박파사朴婆娑라는 두 왕자가 있었다. 유리왕은 24년부터 57년까지 33년간이나 왕위를 지켰다. 그가 사망할 당시에는 두 아들도 나이가 상당했을 것이므로, 두 아들 가운데 하나가 왕권을 계승하는 데 별다른 문제가 없었을 것이다. 하지만 유리왕은 아들에게 왕위를 넘기지 않고, 아버지 남해왕의 유언에 따라 석탈해에게 왕위를 넘겼다. 유리왕이 집권한 33년 동안에도 석탈해의 영향력이 건재했던 것이다.

만약 유리왕이 재위 중에 석탈해 세력을 약화시켰다면, 석탈해에게 왕권을 넘길 필요가 없었을 것이다. 하지만 그러지 못했기에 유리왕은 아버지의 유언을 지킬 수밖에 없었던 것으로 보인다. 유리왕의 유언에 따라 석탈해는 왕실 사위로서는 처음으로 신라 임금이 되었다. 이는 남해왕이 사위 또한 아들과 매한가지라는 관념을 제도화한 덕분에 생겨난 결과였다.

박성 왕실의 입장에서 보면 석탈해는 정통성이 부족한 인물이었다. 그는 박혁거세와 알영의 혈통을 계승하지 못했다. 신라 왕은 어머니와 아버지가 모두 왕족이어야 했으며, 배우자도 왕족이어야 했다. 석탈해는 앞의 조건을 충족하지 못했다. 그가 충족한 것은 배우자가 왕족이어야 한다는 조건뿐이었다. 이런 면에서 보면 그는 정통성이 취약한 군주였다.

그 당시 신라 왕실 구성원들은 사위에게 왕권이 이어진다고도 생각했지만, 그에 못지않게 공주 쪽으로 왕권이 계승된다고도 생각했던 것으로 보인다. 이와 같은 판단의 근거가《삼국사기》와《삼국유사》, 그리고 필사본《화랑세기》에 골고루 담겨 있다.

신라에 공주 쪽으로 왕권이 이어질 수 있다는 관념이 존재했다는 근거로 진평왕眞平王의 사례를 들 수 있다. 진평왕에게는 딸만 셋이 있었다. 천명天明·덕만德曼·선화善花다. 둘째 딸 덕만이 바로 신라 제27대 왕인 선덕여왕善德女王이다.《삼국사기》〈신라 본기〉'선덕여왕' 편에서는 덕만이 장녀라고 했지만,《화랑세기》에서는 장녀가 아니라 차녀라고 했다.《화랑세기》의 설명을 좀더 상세히 소개하면, 덕만은 원래 차녀였지만 나중에 장녀가 되었다. 천명이 장녀 지위를 박탈당하면서 덕만이 장녀 지위를 얻고 후계자가 되었다는 것이다.

필사본《화랑세기》제13대 풍월주風月主 '김용춘金龍春' 편에 따르면, 아들이 없는 진평왕은 처음에는 천명의 남편에게 왕위를 넘길 생각이었다. 그래서 폐위된 진지왕眞智王의 아들이자 자신의 사촌인 김용수金龍樹를 사위로 맞이했다. 왕위에 등극한 지 4반세기 쯤 된 603년경에 진평왕은 김용수를 후계자로 결정했다. 진평왕이 그러한 결정을 내린 데는 급박한 국제정세가 결정적인 계기로 작용했다. 602년과 603년에 신라는 백제와 고구려의 공격을 연달아 받았다. 두 차례의 방어 전쟁에 진평왕도 직접 참가했다. 아들 후계자 없이 딸만 셋이 있었던 진평왕은 마음이 조급해졌던 모양이다. 그래서 김용수를 장녀와 결혼시킨 뒤 후계자로 삼았다. 남해왕이 석탈해를 받아들일 때처럼 신라의 위기가 사위 김용수에게 기회를 주었던 것이다.

그런데 천명은 김용수와의 결혼에 만족하지 못했다. 천명은 김용수의 동생인 김용춘을 더 좋아했다. 천명의 입장에서 김용수와 김용춘은 모두 당숙이었다. 오늘날 같으면 다른 마음을 품기 힘든 대상들이지만, 신라 왕실에서는 내부적으로만 혼인이 이루어졌으므로 당시로서는 천명의 감정이 지극히 당연한 것이었다. 천명이 김용수와 결혼한 데는 왕후의 착오가 중요한 역할을 했다. 결혼 전

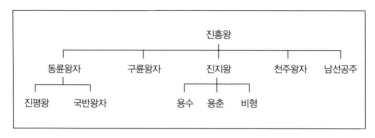

에 천명은 어머니인 마야왕후摩耶王后에게 "남자 중에는 용숙龍叔 같은 사람이 없습니다"라고 말했다. '용춘 당숙'을 줄여 용숙이라 했던 것이다. 명확하게 말하지 못하고 애매하게 표현한 것은 어쩌면 수줍음 때문이었을 수도 있다. 천명이 말한 용숙이라는 표현을 왕후가 용수로 잘못 이해했다는 것이 필사본《화랑세기》의 설명이다. 그래서 엉뚱한 김용수를 천명의 배필로 만들어주었다는 것이다. 이 때문에 천명은 김용수와의 결혼에 만족할 수 없었다. 결혼한 뒤에도 천명은 김용춘과 함께 있는 시간이 더 많았다. 이렇게 김용수·김용춘 형제가 천명과 함께하고 있을 때 태어난 아들이 바로 김춘추였다.

진평왕은 김용수에게 왕권을 넘겨줄 결심을 했지만, 둘째 딸 덕만의 성장을 보면서 마음을 달리하게 되었다. 덕만이 군주의 자질을 갖추었다는 것을 확인하면서 후계 구도에 대한 생각을 바꾸었던 것이다.《화랑세기》'김용춘' 편에 따르면, 진평왕은 천명에게 장녀 지위를 포기하고 궁궐을 나가도록 했다. 그런 다음에 덕만이 장녀 지위를 얻고 왕위에 올랐다.

이 과정에서 주목할 것이 있다. 김용수가 진평왕의 후계자가 되는 데 필요한 전제조건이 있었다. 바로 첫째 자식의 남편이라야 한다는 점이었다. 첫째 자식과 결혼한 사위가 장인을 계승할 수 있었던 것이다. 만약 첫째 자식이라는 지위가 중요하지 않고 사위 자격만으로 후계자가 될 수 있었다면, 진평왕이 천명에게 장녀 지위를 내놓도록 압력을 가하지는 않았을 것이다. 김용수에서 덕만으로 후계자를 바꾸는 과정에서 진평왕은 천명의 장녀 지위를 박탈해 덕만에게 주었다. 이것은 후계자 지위가 장녀 지위에 의존하고 있었음을 의미한다. 첫째 자식의 지위가 덕만에게 옮겨간 다음에 선덕여왕 등극이라는 역사적인 사건이 생겼던 것이다.

신라판 '임금님 귀는 당나귀 귀'의 주인공인 경문왕景文王의 경우도 비슷하다. 임금님 귀 이야기의 원조는 미다스Midas 왕이다. 고대 그리스 역사가 헤로도토스Herodotos의 《역사Historiae》에 따르면, 미다스는 지금의 터키에 있었던 프리지아 왕국을 다스린 인물이다. 《역사》를 근거로 하면 미다스는 적어도 기원전 8세기 이전 인물이다. 한편 경문왕은 신라 말기인 서기 9세기 사람이다. 좋은 소리를 판별하지 못한다는 이유로 아폴론Apollon의 미움을 받아 당나귀 귀가 된 미다스처럼, 경문왕도 백성의 소리를 제대로 듣지 못해 당나귀 귀라는 악평을 들었다. 백성들이 경문왕과 소통하고 싶어 연락을 하면 그때마다 경문왕은 다른 어딘가와 '대화 중'이었던 것이다. 터키와 신라는 초원길과 비단길을 통해 연결되어 있었다. 그래서 신라인들이 고대 터키의 신화를 소재로 경문왕을 비판할 수 있었던 것이다.

경문왕이 원래 그런 사람은 아니었다. 왕이 되기 전에 그는 화랑 대표인 풍월주였고, 15세에 즉위하기 전까지 풍월주로서 좋은 평판을 들었다.《삼국유사》〈기이〉 편에 묘사된 경문왕의 언행을 보면, 그는 속이 깊고 타인을 배려하는 사람이었다. 이런 그의 됨됨이에 주목한 인물이 당시 임금인 헌안왕憲安王이었다. 그는 자신의 후계자로 삼을 목적으로 경문왕을 주시했다.

원래대로라면 경문왕은 헌안왕의 후계자가 되기 힘들었다. 그는 헌안왕과 육촌 관계였으므로, 왕위를 이을 자격이 없는 것은 아니었으나 그 확률은 매우 낮았다. 그런데 헌안왕에게 아들이 없었다. 아니, 정확히 말하면 '공식적인 아들'이 없었다. 기록상으로만 보면, 헌안왕에게는 출생 직후에 내버린 아들이 있었다.《삼국사기》〈열전〉 '궁예弓裔' 편의 주인공인 궁예가 바로 그의 아들이었다. 나라를 해할 운명이라는 이유로 헌안왕은 갓난아기인 궁예를 죽이려 했으나 실패했다. 유모의 도움으로 목숨을 건진 궁예는 훗날 신라의 적이 되어 모습을 드러냈다. 궁예를 제외하면 헌안왕의 자식은 공주 둘뿐이었다. 헌안왕은 진평왕처럼 딸에게 왕권을 넘기기보다는, 유능한 사위에게 넘기는 방안을 구상했다. 그가 생각한 사윗감은 바로 경문왕이었다.

헌안왕은 두 딸 모두를 경문왕에게 보냈다. 정식으로 결혼을 시킨 것이 아니라 일단은 그냥 보낸 것이었다. 경문왕을 시험하기 위한 조치였을 것이다. 경문왕은 고민에 빠졌다. 장녀는 외모가 초라했고 차녀는 아름다웠다. 경문왕은 둘째 딸에게 마음이 쏠렸지만, 측근 낭도郎徒의 권유에 따라 첫째 딸과 혼인하기로 마음먹었다. 첫째 딸과 결혼해야 대권 승계에 지장이 없었기 때문이다. 결국 경문왕은 속마음을 숨긴 채 첫째 딸에게 호감을 표시했고, 부마가 된 다음에 헌안왕을 이어 제48대 임금이 되었다. 장인이 죽은 뒤 그는 처제를 두 번째 왕비로 맞이했다. 호감을 가졌지만 대권을 위해 잠시 포기했던 여성을 결국에는 부인으로 삼았던 것이다.

헌안왕이나 선덕여왕의 사례에서 알 수 있는 점은, 왕실에 남성 후계자가 없는 상황에서는 첫째 딸의 지위가 후계자 자리로 연결되었다는 것이다. 첫째 딸의 지위는 첫째 딸과 결혼하는 남성에게도 공유되었다. 첫째 사위가 왕위를 계승할 수 있었던 것이다. 첫째 딸이 결혼하지 않은 경우에는 첫째 딸 본인이 왕위에 오를 수 있었다. 그런데 선덕여왕의 사례에서 나타나는 것처럼, 장녀의 지위는 고정적이지 않았다. 상황에 따라서는 차녀 이하도 장녀의 지위를 승계할 수 있었다.

남성 후계자가 없는 상황에서는 장녀라는 지위가 후계 구도에 영향을 주었다. 따라서 단순히 사위 자격만으로는 왕위를 이을 수 없었다. 신라 왕실 입장에서는 사위가 왕위를 계승하는 것이 아니라 딸과 사위가 함께 왕위를 계승하는 것이었다. 왕위를 사위에게 넘기는 것이 아니라 자기 딸에게 넘기는 것과 다를 바 없었다.

다른 한민족 왕조들도 마찬가지였지만, 신라에서는 여성의 지위가 특히 높았다. 이 점은 여왕뿐 아니라 여신의 존재를 인정했다는 점에서도 증명된다. 박혁거세의 왕후인 알영부인, 남해왕의 왕후인 운제부인雲梯夫人, 충신 박제상朴堤上의 부인인 치술공주鵄述公主는 국신國神으로 추앙을 받았다. 또한 남해왕의 누이인 아로공주가 박혁거세의 제사를 주관한 사실에서 알 수 있듯이, 여성 사제의 존재도 인정했다. 두 명의 왕실 여성이 8월 한가위에 길쌈 시합을 주관한 사실이나, 여성이 화랑제도의 전신인 원화제도의 수령이었다는 사실 등은 그 당시 여성의 리더십이 광범위하게 인정되었음을 보여주는 징표다. 이런 문화적인 토대가 있었기 때문에, 비상 상황에서 첫째 딸을 통해 왕위의 정통성이 이어지는 것에 대한 거부감이 없었다고 볼 수 있다.

석탈해의 경우를 다시 생각해보자. 그의 장인인 남해왕에게는 1녀 3남이 있었다. 석탈해가 결혼한 사람은 장녀인 아효공주였다. 딸이 하나밖에 없었으므로 아효가 장녀였다. 하지만 장녀 아효의 지위는 진평왕의 장녀였던 천명의 지위와는 달랐다. 천명은 장녀인 동시에 첫째 자식이었다. 반면 아효에게는 남자 형제들이 있었다. 거기에다가 그는 첫째 자식이 아니었다. 위로 오빠가 둘 있었고 아래로 남동생이 하나 있었다. 아효는 남해왕의 셋째 자식이었던 것

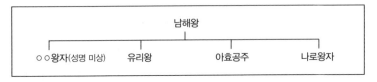

이다. 따라서 석탈해는 셋째 사위였다. 그렇기 때문에 남해왕의 사위일지라도 이 점만으로는 왕위를 계승할 수 없었다.

그렇다고 해서 석탈해의 무력만이 왕위 계승의 기반이 되었던 것은 아니다. 석탈해는 셋째 사위였지만, 그의 이런 약점을 보충하고 그를 합법적인 후계자로 만들어준 반전이 있었다. 어떤 반전이었을까? 남해왕을 계승한 것은 장남이 아니라 차남이었다. 남해왕의 후계자인 유리왕은 둘째 아들이다. 첫째 아들인 성명 미상의 왕자가 장자의 지위를 상실했던 것이다.

《성경》〈창세기〉 25장에는 이스라엘 민족의 조상인 아브라함 Abraham의 손자들에 관한 이야기가 나온다. 아브라함의 손자이자 이삭Isaac의 쌍둥이 아들인 에서Esau와 야곱Jacob이 이야기의 주인공이다. 사냥하다 돌아와 배가 몹시 고팠던 장남 에서는 동생 야곱이 만든 죽을 먹기 위해 서약까지 하고 동생에게 장자의 지위를 팔아버렸다. 훗날 아버지 이삭까지 야곱을 축복함으로써 야곱의 장자 지위가 공고해졌다. 이로 인해 이스라엘 민족의 정통성은 야곱에게 넘어갔다. 이때만 해도 이스라엘 민족이 대단하지 않았으므로 〈창세기〉25장 34절 표현처럼 "에서가 장자의 명분을 가볍게 여겼던" 것이다. 에돔Edom이라는 또 다른 이름을 가지고 있었던 에서는 에 돔족의 시조가 되었으며, 에돔족은 그 뒤 이스라엘과 경쟁하는 관계가 되었다.

남해왕의 장남에게 구체적으로 어떠한 일이 있었는지는 알 수 없지만, 그 역시 〈창세기〉의 에서처럼 장자 지위를 잃었다. 이로 인해 유리왕이 야곱처럼 장자의 자리를 얻었다. 이런 상황에서 남해왕이 유언을 통해 유리왕과 석탈해에게 대등한 자격을 부여했다. 두 사람 중에서 나이가 많은 쪽이 왕위에 오르라는 것이었다. 이는 박성 왕실 안에서 사위 석탈해가 장자와 대등한 지위를 얻었음을 의미한다. 딸과 사위가 대등한 지위를 인정받았으므로, 석탈해가 장자의 지위를 얻었다는 것은 석탈해의 아내인 아효공주 역시 첫째 자식의 지위를 얻었음을 의미한다. 이렇게 해서 석탈해는 장자와 동등한 지위 혹은 첫째 자식의 남편이라는 지위를 얻었다. 이를 기반으로 훗날 제4대 임금이 되었기 때문에 석탈해의 사례도 진평왕의 딸들이나 경문왕의 사례와 같다고 할 수 있다.

석탈해 계통의
왕권 승계

석탈해는 57년부터 80년까지 23년간 신라 왕실을 이끌었다. 그의 아들은 석구추昔仇鄒다. 아효공주와 석탈해 사이에서 출생한 석구추는 왕위를 잇지 못했다. 석탈해의 뒤를 이은 것은 유리왕의 둘째 아들인 박파사였다. 그가 신라 제5대 임금인 파사왕이다. 석탈해의 혈통이 왕위를 계승한 것은 그가 죽고 104년이 흐른 뒤였다. 서기 184년에 석탈해의 손자인 석벌휴伐休가 제9대 임금이 되었다.

증손자도 아닌 손자가 104년 뒤에 왕이 되었다는 것은 우리 시대 관념으로는 납득되지 않지만,《삼국사기》 기록상으로는 그렇다. 당사자들의 수명이 길었을 수도 있고, 손자가 아니라 증손이나 4대손일 수도 있다. 증손이나 4대손일 수도 있다고 한 것은 김부식이 《삼국사기》 초기 부분을 조작하는 과정에서 일부 왕들의 역사를 누락한 것으로 보이기 때문이다.

《삼국사기》〈고구려 본기〉 '보장왕寶藏王' 편에서 당나라 고종高宗과 신하 가언충賈言忠이 나눈 대화를 보면, 당나라 사람들은 고구려를 기원전 233년에 건국된 나라로 알고 있었다. 김부식이 《삼국사기》에서 언급한 기원전 37년보다 2세기나 일찍 고구려가 세워졌다고 믿었던 것이다. '보장왕' 편을 근거로 당나라 고종과 가언충의 대화를 소개하면 아래와 같다. 당나라가 고구려를 멸망시킨 668년 초에 있었던 대화다.

> 고종: 군대 상황은 어떤가?
>
> 가언충: 반드시 이길 것입니다. ······고구려 예언서에서는 "(고구려는) 900년을 넘기지 못하고 80세 대장에게 멸망할 것이다"라고 했습니다. 올해는 고씨가 ······나라를 세운 지 900년째이고 (우리 장군인) 이적李勣의 나이는 80세입니다.

이 대화에서 가언충은 '올해는 고구려 건국 900년째'라고 했다. 이것은 고구려가 기원전 233년에 세워졌음을 의미한다. 당나라는 고구려를 멸망시키기 위해 혈안이 되었던 나라다. 세상 어느 나라보다도 고구려를 훨씬 더 많이 연구했을 것이다. 그런 당나라가 고구려의 건국 연도를 몰랐을 리 없다. 또 김부식은 광개토태왕廣開土太王을 주몽朱蒙의 12대손이라고 적은 데 반해, 광개토태왕릉 비문에는 17대손이라고 적혀 있다. 주몽과 광개토태왕 사이에 5세대가 더 있었다는 것이다. 김부식이 말한 것보다 고구려 역사가 훨씬 더 길었다는 뜻이다. 이런 점을 감안하면, 김부식이 고구려는 물론 초기 신라의 역사까지도 축소했을 가능성이 있다. 그래서 석벌휴가 석탈해의 손자가 아니라 증손이나 4대손일 수도 있다고 추측한 것이다. 참고로 '태왕'이라는 표현을 쓴 것은 광개토태왕릉 비문이나 충주 고구려비는 물론 신라 시대 무덤인 경주 호우총·서봉총 유물 등에 적힌 고구려 군주의 정식 명칭이 태왕이기 때문이다.

석탈해와 석벌휴의 촌수가 몇 촌인지에 관계없이, 여기에는 한 가지 더 이상한 점이 있다. 탈해왕이 죽고 104년이 흐른 뒤에 석씨 혈통이 왕위를 이었다는 사실은 우리의 상식으로는 쉽게 이해가 되지 않는다. 같은 혈통에서 104년간이나 왕위를 잇지 못했다면, 그사이에 숙청을 당해서 쫓겨날 수도 있는 일이다. 그럼에도 석탈해의 혈통은 박성 왕실 내에서 무사히 살아남았다. 그렇게 살아남은 뒤에 석벌휴가 왕이 되었고, 이때부터 석씨는 77년 동안 왕권을 차지했다. 제12대 첨해왕이 죽을 때까지 신라 왕권은 석탈해 혈통에게 있었다.

뒷부분에서 신빙성 문제를 논의할 필사본《화랑세기》에는 화랑도 조직이 유지될 당시에 진골정통眞骨正統과 대원신통大元神統이라는 왕비족이 있었다고 적혀 있다. 이 중에서 진골정통을 이해할 수 있는 실마리가 되는 사건이 바로 벌휴왕 시대에 있었다. 이 점에 대해서는 제7장에서 자세히 설명할 것이다.

제4장

또다른

이방인의

등장

신라에 도래한
두 번째 외래인

우리는 신라의 최대 영토가 함경남도 이남 혹은 대동강 이남이었다고 믿고 있다. 《삼국사기》에 따르면, 신라의 도약기는 6세기 진흥왕 시기였으며 이때 신라는 대대적인 영토 확장을 통해 함경남도 지역까지 영역을 확장했다.

이에 관한 물질적인 증거들이 남아 있다. 진흥왕은 새로 획득한 땅에 표식을 남겼다. 경남 창녕, 충북 단양, 북한산, 함경남도 황초령·마운령에 비석을 세웠던 것이다. 하지만 함경남도 영토는 얼마되지 않아 고구려에 도로 빼앗겼다. 이후 신라는 7세기에 당나라와 연합해 백제와 고구려를 멸망시키고 충청도·전라도 및 대동강 이

남을 확보했다. 이렇게 해서 신라의 영토는 대동강 이남으로 굳어졌다. 여기까지가 《삼국사기》와 이에 근거한 우리나라 국사 교과서에 의거한 설명이다.

하지만 청나라 정부가 편찬한 《만주원류고滿洲源流考》에는 전혀 다른 내용이 수록되어 있다. 신라가 한때나마 만주에도 영토를 두었다는 것이다. 만주의 기원을 밝힌다는 취지로 편찬된 이 책에서는 한때 중국 길림吉林이 신라의 영토였으며 계림鷄林으로 불리었다고 설명한다. 신라의 영역을 설명하는 대목에서 이 책은 "서북으로는 지금의 길림·오랍에 ……이르렀다"고 적었다. 길림이 신라 땅이었다는 확신을 심어주고자 이 책에서 제시한 근거가 있다. 길림과 계림의 중국어 발음이 같다는 점이다. 길림이라는 명칭이 계림에서 나왔다는 것이 이 책의 설명이다. 현대 중국어에서도 길림과 계림은 똑같이 '지린'으로 발음된다.

또 다른 근거도 있다. 고구려가 멸망한 뒤 발해가 등장해 길림 지역 영토를 회복한 이후, 길림 지방의 장관인 길림도독이 신라도독으로 불리었다는 것이다. 이곳이 한때 신라 땅이었다는 이유로 그렇게 불렀다는 설명이다. "길림의 옛 땅이 발해에 귀속된 뒤에도 도독의 칭호는 여전히 신라였다"고 이 책은 전한다.

《만주원류고》에서는 신라가 정확히 어느 시기에 길림을 차지했는지는 서술하지 않았다. 고구려가 멸망하기 전에 그런 일이 있었다고만 알려줄 뿐이다. 이와 관련해 신채호申采浩는 《조선상고사朝鮮

上古史》에서 그 시점을 진흥왕 때로 보았다. 신라의 영토 팽창이 대대적으로 진행된 시점이 진흥왕 시대였기 때문이다.

이처럼 신라의 길림 지배는 청나라 정부에서도 인정한 역사적인 사실이다. 이런 사실을 김부식이《삼국사기》에 기술하지 않은 이유는 무엇일까? 그가《삼국사기》를 쓴 동기가 무엇이었는지 생각해 보면 그 이유를 쉽게 짐작할 수 있다.

김부식이 대표 저자로 나선《삼국사기》가 편찬된 것은 고려 전기인 1145년이다. 이때는 김부식이 정권을 잡은 뒤였다. 그가 정권을 잡기 전에 정국을 주도한 이가 있었으니, 승려 묘청妙淸이다. 묘청이 정권을 잡은 때는 여진족이 세운 금金나라가 동아시아 최강이 된 뒤였다. 여진족은 고구려·발해 때는 말갈족으로 불렸다. 이들은 고구려·발해의 소수민족이었다. 그 여진족이 발해가 멸망한 이후에 동아시아 최강국으로 등극했던 것이다. 이에 자존심이 상한 고려인들이 많았다. '여진족도 하는 일을 우리가 못할쏘냐?' 이것이 그들의 정서였다. 이런 분위기를 활용해 묘청이 추진했던 정책이 북진과 북벌이다. 이참에 만주로 영토를 확장하자는 것이 그의 주장이었다. 당대 최강 금나라와의 대결에서 승리해 과거의 전성기를 되찾겠다는 꿈을 품었던 것이다. 그런 묘청과 싸워 그 꿈을 좌절시켰던 인물이 바로 김부식이다. 묘청을 꺾은 김부식이 자신의 승리를 정당화하고자 편찬했던 것이《삼국사기》다.

김부식은 금나라와의 동맹을 지지했다. 그의 입장에서 고려의 북진은 금나라와의 동맹을 해치는 행위이자 자신의 기득권을 침해하는 행위였다. 고려가 대륙 진출을 포기하고 한반도에 만족하는 편이 김부식에게는 유리했다. 그래서 그는 '한민족은 한반도 안에서 살아야 한다'는 가치관을 《삼국사기》에 주입하고자 했다. 그러려면 한민족의 전통적인 터전이 한반도라는 점을 강조해야 했다.

김부식은 고구려의 만주 지배는 어쩔 수 없이 인정했다. 그것은 너무나 명확해서 부정할 수 없는 사실이었다. 또한 국명에도 드러나듯이 고려는 고구려의 정통성을 이어받은 나라였기 때문에 고구려의 역사적인 위상까지 부정할 수는 없었다. 대신 김부식은 만주의 지배자였던 고조선의 존재를 인정하지 않았다. 나아가 신라의 만주 지배 역시 인정하지 않았다. 김부식을 신라 중심주의자로 보는 사람들이 많지만, 정확하게 말하자면 그는 한반도 중심주의자였다. 그의 머릿속에서 '신라 중심'은 '한반도 중심'과 충돌하지 않는 범위에서만 유효했다. 그렇기 때문에 그는 한반도 중심주의 가치관에 입각해 신라의 만주 지배를 숨겼다.

《만주원류고》에서 증언한 대로, 신라는 한때 만주 지역까지 영토를 확장했다. 그리고 그곳을 계림이라 불렀다. 새로운 정복지에 계림이라는 명칭을 부여한 것은 계림이 신라를 가리키는 별칭이었기 때문이다. 이 계림이라는 별칭이 나오게 만든 장본인이 있다. 바로 신라 왕실에 등장한 두 번째 외래인, 김알지다.

석탈해의 경우에는 그의 등장이 신라 국호에까지 영향을 미치지는 않았다. 하지만 김알지의 등장은 비록 별칭이기는 하지만 신라가 계림이라는 별호를 갖도록 만들었을 가능성이 있다. 이뿐 아니다. 그의 혈통은 석탈해 혈통보다 훨씬 더 오랫동안 신라 왕위를 차지했다.

박성의
일원이 되다

모든 영웅들이 그러하듯 김알지도 신화적인 모습으로 신라에 등장했다. 김알지는 석탈해 시대인 1세기에 등장한 인물이다. 역사서에는 그의 모습이 신화적으로 그려졌지만, 당시 사람들은 그의 출현을 사실적으로 관찰했다. 기록을 담당한 이들이 그의 등장을 신화적으로 묘사했다는 것은 그가 비범한 인물이었음을 뜻한다. 그가 상당한 영향력을 가지고 등장했기에 신화가 만들어졌던 것이다.

그에 관한 신화가 존재한다는 것은 그를 옹호하는 종교인들이 있었다는 뜻이다. 고대사회에서 종교인은 신화의 생산자이자 전파자였다. 그러므로 그들의 지지를 받지 못하면 신화가 만들어지기 어려웠다.

법흥왕과 진흥왕이 등장해 불교가 확산되기 전까지 신라 지배층의 종교는 신선교였다. 김알지가 등장하는 시점에도 신라 왕실과 귀족들은 신선교를 신봉하고 있었다. 이런 상황에서 김알지의 신화가 만들어졌다는 것은 그가 신라 신선교 세력의 지지를 받았음을 보여준다.

김알지에 관한 신화는 《삼국사기》〈신라 본기〉 '탈해이사금' 편과 《삼국유사》〈기이〉 편에 나온다. 두 책의 내용은 약간씩 다르지만 공통적으로 언급되는 부분이 있다. 그가 등장한 시점이 석탈해가 임금 자리에 있을 때라는 것과 그 장소가 서라벌 서편의 시림始林이라는 것이다.

《삼국사기》와 《삼국유사》에 따르면, 어느 날 시림 숲속의 나뭇가지에 황금 상자 하나가 걸렸다. 흰 닭이 가지고 온 황금 상자였다. 이 닭의 울음소리를 들은 석탈해는 호공에게 사실 확인을 지시했다. 그 옛날 석탈해에게 집을 빼앗긴 바로 그 호공이다. 호공이 가보니, 흰 닭이 울고 있고 그 옆에 황금 상자가 있었다. 그 상자에서 나온 아이가 바로 김알지였다. 석탈해는 아이가 황금 상자에서 나왔다는 의미에서 김金이라는 성씨를 붙여주었다. 숲속에서 닭 울음소리가 들렸다는 것, 황금빛을 내는 상자와 함께 김알지가 나타났다는 것이 이 두 기록의 공통된 이야기다.

《삼국사기》는 김알지 옆에 흰 닭이 있었다고 해서 이때부터 시림을 계림으로 불렀다고 전한다. 그리고 이 계림이 신라의 국호가 되었다. 물론 정식 국호라기보다는 별칭으로 사용했던 것으로 보인다. 이 설명이 맞는다면, 《만주원류고》에 언급된 계림 국호는 김알지의 등장을 계기로 사용된 것이다. 반면 《삼국유사》〈기이〉편의 설명은 조금 다르다. 박혁거세 때부터 이미 계림이라는 국호가 쓰였다는 것이다. 김알지 신화에 등장하는 나뭇가지나 흰 닭의 의미에 대해서는 뒷부분에서 상세히 이야기하고자 한다.

석탈해는 사위 신분으로 신라 왕실에 진입했다. 김알지의 경우는 다르다. 김알지가 신라 왕실의 일원이 되기까지의 이야기는 《삼국사기》〈신라 본기〉'탈해이사금' 편에 기록되어 있다. 이에 따르면, 황금 상자에서 나온 남자아이는 용모가 뛰어났다. 아이가 매우 잘생겼다는 사실에 석탈해는 기쁨을 감추지 못했다. 그는 대신들이 보는 앞에서 "하늘이 나에게 보낸 훌륭한 아이"라며 감탄을 아끼지 않았다. 그렇게 말한 뒤, 그는 아이를 거두어 기르기로 결정했다. 원문 표현은 "그 아이를 거두어 길렀다[收養之]"다.

'탈해이사금' 편에서는 "거두어 길렀다"고 서술할 뿐, 석탈해와 김알지의 법적 관계에 대해서는 명시하지 않았다. '미추이사금' 편에서도 미추왕의 조상인 김알지를 석탈해가 "궁중에서 길렀다[養於宮中]"고만 서술했다. 역시 그들의 법적 관계에 대해서는 말하지 않았다. '탈해이사금' 편과 별반 차이가 없다.

이에 비해 《삼국유사》〈기이〉편에서는 두 사람의 법적 관계를 알려주고 있다. 〈기이〉 편에서는 석탈해가 남자아이를 안고 시림에서 돌아온 뒤 "길일을 택해 태자로 책봉했다[擇吉日, 冊位太子]"고 말했다. 태자로 책봉했다는 것은 아들로 인정했다는 뜻이다. 양자로 들였다는 의미가 된다. 이렇게 본다면,《삼국사기》에 나오는 '길렀다'는 표현을 '입양했다'는 뜻으로 이해해도 무방할 것이다. 즉 김알지는 석탈해의 양자가 되어 왕실에 들어갔다.

김알지의 등장과 입양에 관한 기록들을 살펴볼 때 주의할 부분이 있다. 석탈해가 김알지에게 김이라는 성을 주는 부분과 석탈해가 그를 입양하는 부분이 서로 충돌한다는 점이다. 김이라는 새로운 성을 내리고는 양자로 삼는다는 것은 언뜻 모순되어 보인다. 하지만 위의 기록들이 신화라는 점을 염두에 두고 두 사건의 시간적인 선후를 생각해보면, 실상은 모순이랄 것이 없다는 판단에 도달한다.

석탈해가 알지에게 김이라는 성을 주었다. 그런데 그 당시에는 이미 김성이 있었다. 석탈해는 신라에 오기 전 가야에 정착하려 했으나 김수로와의 경쟁에서 패해 신라로 쫓겨났다. 따라서 석탈해가 김이라는 성이 있는지 모르고 알지에게 그 성을 주었을 리는 없다. 석탈해가 알지에게 김성을 준 것은 그가 김수로의 일가라는 것을 알았기 때문이라고 해석할 수 있다. 뒷부분에서 이에 대한 구체적인 자료를 제시할 것이다. 그러므로 신화 속에서 석탈해가 알지에게 김이라는 성을 지어주는 것은, 실상은 알지가 김성의 소유자임을 알았다는 의미로 이해해야 할 것이다. 그렇게 알지의 정체를 안 뒤에 그를 양자로 입양했던 것이다.

박성 가문의 일원인 석탈해가 김알지를 입양함으로써 김알지는 대외적으로 박성의 일원으로 간주되었다. 그렇게 박성의 일원이 된 김알지는 신라 왕실 내에서 김씨 지파의 시조가 되었다.

양자의 태자
지위를 인정하다

김알지가 박성 가문의 양자가 된 것은 왕조 국가의 일반적인 상식과 충돌하는 면이 있다. 물론 대개의 경우에 부합하는 상식이지 모든 경우에 들어맞는 상식은 아니다. 일반적으로 딸이나 사위의 왕위 계승을 인정하는 왕조에서는 양자를 들일 필요가 없다. 반대로 말하면, 양자의 왕위 계승을 인정하는 왕실에서는 사위의 왕위 계승을 인정할 필요가 없다.

조선 왕조의 경우가 전형적이다. 강화 도령으로도 알려진 왕이 있다. 조선의 제25대 임금 철종哲宗이다. 그는 정조正祖의 이복동생인 은언군恩彦君의 손자다. 은언군의 일가가 역모죄로 몰락한 뒤, 그는 강화도에서 농사도 짓고 나무도 하면서 살았다. 그가 왕이 될 수 있었던 것은 정조의 직계 후손이 끊어졌기 때문이다. 정조의 증손자이자 익종翼宗의 아들인 헌종憲宗이 세자 없이 세상을 떠난 것이다. 철종은 전임자인 헌종보다 항렬이 낮았다. 그래서 왕실에서는 철종을 순조純祖의 아들로 입양한 뒤 왕위에 앉혔다. 결국 철종도 법적으로는 정조의 직계 후손이 되었다.

철종마저 후사를 남기지 못하고 세상을 떠나자, 왕권은 정조의 또 다른 이복동생인 은신군恩信君 쪽으로 넘어갔다. 은신군의 증손자이자 철종의 7촌 조카인 이명복李命福(훗날 고종)에게 왕위가 넘어갔던 것이다. 왕으로 즉위하기 전에 이명복은 정조의 손자인 추존왕追尊王 익종(효명세자)의 양자로 입적되었다. 즉 고종은 익종의 양자로 입적된 연후에 왕위에 올랐다. 고종 역시 법적으로는 정조의 직계 후손이 되었던 것이다.

조선 왕조에 양자의 왕위 계승 사례가 많은 것은 사위의 왕위 승계를 인정하지 않았기 때문이다. 딸은 출가외인으로 간주되었고, 딸의 남편이 왕위를 승계할 명분은 없었다. 만약 사위의 권리를 인정했다면, 친족을 입양하는 번거로움을 겪을 필요가 없었을 것이다.

양자를 인정하는 왕실에서 일반적으로 사위의 왕위 계승을 인정하지 않듯이, 딸이나 사위의 왕위 계승을 인정하는 왕실에서는 양자의 왕위 계승을 인정할 필요가 없다. 아들이 없으면 딸이나 사위에게 왕권을 넘기면 되기 때문이다. 비슷한 사례로 과거 일본에서

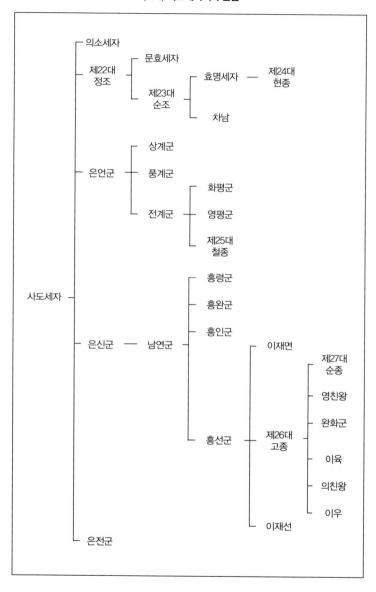

는 여성 천황의 존재를 인정했다. 따라서 대를 잇고자 양자를 들이는 일이 없었다. 그런데 일본은 1889년에 대일본제국헌법大日本帝國憲法을 제정하면서 여성 천황의 등극 가능성을 배제했다. 이 헌법 제2조에서는 천황의 계승자를 천황의 남성 자손으로 국한시켰다. 이렇게 여성 천황 제도를 폐지했으면서도, 일본은 과거의 전통에 따라 양자의 왕위 계승을 인정하지 않았다.

양자의 왕위 계승을 인정하지 않는 전통 때문에 특히 괴로워했던 사람들이 있다. 영친왕英親王의 일본인 비妃 이방자李方子도 그중 하나였다. 1910년 일본에 의해 국권이 강탈된 뒤에도 조선 왕실은 그대로 남아 있었다. 황제가 이왕李王으로 격하된 상태에서 조선 왕실은 수명을 유지했다. 제1대 이왕인 순종純宗에 이어 1926년에 제2대 이왕이 된 사람이 동생인 영친왕이다. 이때는 영친왕이 첫째 아들인 이진李晉을 잃고 4년이 흐른 뒤였다. 둘째 아들 이구李玖는 이로부터 5년 뒤에 출생한다. 따라서 이왕이 등극할 당시에는 영친왕에게 왕자가 없었다. 이 때문에 이방자의 마음이 초조할 수밖에 없었다. 초조한 마음에 그는 자궁후굴증 수술까지 받았다. 인체를 측면에서 바라보았을 때, 자궁은 몸의 앞쪽으로 기울어져 있다. 그러나 이방자의 경우에는 자궁이 뒤쪽으로 기울어져 있었다. 빨리 왕자를 낳아야 한다는 생각에 그는 이것을 고치고자 수술까지 받았다. 이때의 심정을 이방자는 다음과 같이 회고했다. 아래 내용은 그의 구술 회고록인 《세월이여 왕조여》를 기초로 출간된 《나는 대한제국 마지막 황태자비 이 마사코입니다》에 나온다.

나는 영영 아이를 가질 수 없을 것인가. 아이를 낳은 경험이 있는
데 왜 다시 아이를 가질 수 없는 것인가. 당시 일본의 왕실전범王
室典範에는 양자제도를 허용하지 않고 있었다. 아기를 못 낳으면
이왕가李王家는 폐절되는 것이다. 조선 왕통의 존폐에 관한 것인
만큼, 초조하다 못해 신경쇠약 증세까지 생기는 절박한 문제였다.

조선 왕실은 양자의 왕위 계승을 인정했다. 그러나 1910년에 조
선이 일본 천황의 제후국으로 편입되면서 일본의 왕위 계승 원칙
을 따르게 되었다. 그러다 보니 이왕이 아들을 낳지 못하면 조선 왕
실이 끊길 수밖에 없었다. 입양을 통해 후계자를 얻을 길이 없어졌
기 때문이다. 그래서 이방자가 노심초사했던 것이다.

김알지는 석탈해의 양자로 신라 왕실에 들어갔다. 그런데 신라는
공주의 왕위 계승을 인정하는 나라였다. 그러므로 논리적으로 볼
때 신라에서는 양자가 왕이 될 수 없었다. 김알지 경우도 마찬가지
였다. 양자가 되었지만 신라 왕은 될 수 없었다. 그럼에도 석탈해는
양자인 그를 태자로 책봉했다. 김알지에게 차기 왕권을 맡길 생각
이 있었던 것이다. 석탈해는 왕위 계승의 일반적인 관행을 어겼다.

김알지의
진짜 정체

석탈해는 왕조 시대의 논리를 어겼다. 그는 김알지를 양자로 들인데 이어 후계자로 삼기까지 했다. 이는 관행에서 일탈한 조치였지만, 그 배경에는 현실적인 이유가 있었다. 기존 관행을 고수하기에는 김알지의 존재감이 너무나 컸던 것이다. 석탈해가 신라에 등장할 때처럼 김알지도 무시할 수 없는 힘을 지니고 출현했다. 그제서야 석탈해는 남해왕과 유리왕의 고충을 헤아릴 수 있었을 것이다.

석탈해가 느꼈을 부담은 외래 신입자 김알지의 신화가 만들어진데서도 짐작할 수 있다. 김알지 신화가 만들어졌다는 점은 그가 본래 신라 출신이 아니었음을 증명한다. 조상 때부터 이곳에 살았던,

그래서 잘 알려진 사람을 대상으로 신화를 만들 수는 없기 때문이다. 한편 외래 신입자인데도 그에 관한 신화가 생성했다는 사실은 그가 종교 세력의 지지를 받았음을 의미한다. 종교계가 김알지 신비화 작업에 참여했다. 이상의 정보는 김알지가 신라 현지의 군사 세력뿐 아니라 종교 세력까지도 수긍케 할 만한 역량이 있었음을 의미하는 것이다.

김알지가 이러한 모습을 띠고 등장했다는 점은 그의 성씨에도 드러난다. 앞서 언급했듯이 《삼국사기》〈신라 본기〉 '탈해이사금' 편에는 그가 황금 상자에서 태어났으며, 그래서 김씨라는 성을 얻었다고 적혀 있다. 하지만 알다시피 그 시대에는 이미 김씨가 존재했다.

김수로는 서기 42년에 가야를 건국했다. 《삼국사기》 '탈해이사금' 편에서는 김알지가 서기 65년 신라에 출현했다고 기록했다. 이에 따르면 김수로와 김알지가 등장한 시점은 23년 차이가 난다. 하지만 《삼국사기》에 실린 고대사 연도가 부정확하다는 점을 감안하면, 김알지는 65년보다 이전에 출현했을 수도 있고 이후에 출현했을 수도 있다. 그렇더라도 그가 김수로와 같은 시대에 출현했다는 점은 부정할 수 없다. 수십 년 정도의 차이라면 두 사람이 한반도에 등장한 시점이 비슷하다고 보아도 무방할 것이다.

두 사람은 비슷한 시점에 등장했을 뿐 아니라 신화의 내용도 유사한 면이 있다. 신화에 따르면 김알지는 황금 상자에서 나왔다. 그런데 이 황금 상자는 김수로 신화에도 나온다. 《가락국기》에서는 하늘에서 내려온 황금 상자 속에 여섯 개의 황금 알이 있었다고 서술했다. 가야연맹이 여섯 개의 소국으로 구성되었던 사실과 연결되는 대목이다. 경상남도 김해시의 수로왕릉에 가면, 여섯 개의 알을 형상화한 조각물을 볼 수 있다. 그 알 가운데 하나에서 김수로가 나왔다는 것이다.

이와 같은 김알지와 김수로의 유사성은 두 사람이 같은 혈족이기 때문에 생긴 것이다. 경주 김씨의 시조인 김알지와 김해 김씨의 시조인 김수로가 실은 동일 혈통을 타고났던 것이다. 이런 점은 《삼국사기》〈열전〉 '김유신金庾信' 편에서도 언급되었다. 이 책에서는 김유신의 12대조인 김수로와 관련해 "수로는 신라와 동성同姓이었다"고 언급했다. 고대사회에서 동성이라는 것은 곧 한집안을 의미했다. 그런데 김수로는 김성이고 신라 왕실은 박성이었다. 그럼에도 김수로와 신라 왕실이 한집안이라고 서술한 이유는 무엇일까? 신라 왕족은 박성이지만, 김유신 시대만 해도 박성의 일부인 김씨가 오랫동안 왕 노릇을 했다. 또 신라가 멸망하고 《삼국사기》가 편찬된 시점에는 신라 왕실이라 하면 주로 김씨가 떠오를 수밖에 없었다. 그래서 김수로와 신라 왕실이 같은 집안이라고 말할 수 있었던 것이다.

《삼국사기》와 《가락국기》에서는 김씨의 기원을 황금 상자와 연결했지만, 이 책들이 편찬되기 훨씬 전에 세워진 신라인의 묘비에는 좀더 자세한 정보가 담겨 있다. '대당고김씨부인묘명大唐故金氏夫人墓銘'이라는 묘비로, 묘비의 주인공은 당나라에 이주한 신라 교포 여성이다. '죽은 김씨'라는 의미의 '고故김씨'에서 알 수 있듯 그녀는 김씨 여성이다. 사망한 해는 864년이고 당시 나이는 32세였다.

묘비명에서는 김씨의 조상을 소호씨少昊氏나 금천씨金天氏 등으로 불리는 '지摯'로 소급했다. 지는 고대 동이족의 영역 중 하나였던 중국 산둥반도를 지배했던 인물로 동이족의 수령이었다. 삼황오제三皇五帝의 범위가 일정치는 않지만, 오제의 한 사람으로 거론되기도 하는 지가 김씨의 시작이라는 것이다. 지의 또 다른 이름은 '질質'이며, 성은 '기己'다. 크게 보면 기라는 성에 속하고 작게 보면 소호씨 혹은 금천씨 등에 속하는 인물이다. 그런 다음에 묘비명에서는 김씨의 중간 조상을 두고 "먼 조상의 이름은 일제"라고 적었다. 흉노족 김일제金日磾를 일컫는다. 묘비명은 계속해서 "흉노 조정에 몸담고 계시다가 한나라에 투항해 한무제漢武帝 아래서 벼슬하셨다"라고 이어진다. 《한서》〈김일제金日磾 열전〉에서는 "본래 흉노족 휴도왕休屠王의 태자"라고 했다. 신채호는 《조선상고사》에서 《사기》〈흉노匈奴 열전〉을 인용하면서 "상제上帝를 형상화한 구리 형상을 휴도라고 불렀다"고 한 뒤 "휴도의 제사를 맡은 자를 휴도왕이라고 했다"고 적었다. 김일제는 그런 휴도왕의 태자, 즉 후계자였다.

《한서》〈김일제 열전〉에 따르면, 그는 기원전 122년에서 117년 사이에 벌어진 전쟁에서 패해 한나라에 끌려갔다. 그렇게 한나라에 정착한 그는 한무제의 신임을 받으며 기반을 쌓았다. 휴도왕은 금빛 구리 형상을 만들어 제천의식을 지냈다. 이를 근거로 한무제가 일제에게 김이라는 성을 하사했다는 것이 〈김일제 열전〉의 설명이다. 한무제에 의해 김이라는 성씨의 사성賜姓이 있었다는 것이다.

〈김일제 열전〉은 김씨가 김일제에서부터 시작되었다는 증거가 될 수도 있다. 그러나 대당고김씨묘명에 나오는 것처럼 소호씨 이래로 김이라는 성씨가 있었다면 이야기가 달라진다. 김씨가 이전부터 있었다면, 한무제의 사성은 기존의 성씨를 한나라 안에서 재승인하는 것이었다고 볼 수 있다. 석탈해가 기존의 김성을 알지에게 다시 부여했듯이, 한무제도 그러했을 가능성이 있는 것이다.

한나라에 정착한 김일제는 한무제를 암살 음모로부터 지켜주었다. 그러자 한무제는 답례로 김일제를 투후秺侯라는 지위에 책봉했다. 《한서》 해설서인 맹강孟康의 《한서음의漢書音義》에 따르면, 투후의 영역은 오늘날의 산둥성 내에 있었다. 소호씨의 근거지인 산둥성에 김일제 가문이 정착했던 것이다. 김일제 가문은 황실의 지지와 산둥성의 봉토를 기반으로 세력을 축적했다. 그러다가 결국에는 한나라 조정의 실권을 장악했다. 이 집안의 권력은 한나라가 멸망하는 즈음까지 계속되었다. 김알지와 김수로는 모두 이 가문에서 출발한 사람들이다.

그런데 한나라가 멸망하고 신新나라가 세워졌다가, 얼마 지나지 않아 한나라 황족이 후한을 재건했다. 이와 같은 혼란 속에서 김일제의 후손들은 중국 땅을 떠나게 되었다. 대당고김씨묘명에도 이에 대한 언급이 있다. "한나라가 덕을 드러내지 못해 난리가 나서 괴로움을 겪자, 곡식을 싸들고 나라를 떠나 멀리까지 피해갔다." 또한 "우리 집안은 멀리 떨어진 요동에 숨어 살았다"고 적혀 있다.

"요동에 숨어 살았다"는 것은 김일제 후손의 일부가 요동으로 이동했다는 이야기일 수는 있어도, 후손 전부가 이동했다는 이야기는 아닌 듯하다. 왜냐하면 한나라가 멸망한 뒤에 김일제의 후손들이 한반도에 모습을 드러냈기 때문이다. 위 묘지의 주인공인 김씨의 후손들은 신라를 떠나 당나라에 정착한 사람들이다. 이들은 묘지명에서 자기 조상이 신라 사람이라는 것을 가급적 드러내지 않으려 했다. 이는 신라 김씨니 경주 김씨니 혹은 김해 김씨니 하는 표현을 쓰지 않고 경조京兆 김씨라는 표현을 쓴 데서도 드러난다. 김일제가 중국에 정착한 한나라 때나 대당고김씨묘명이 작성된 당나라 때나 경조, 즉 서울은 지금의 시안西安이었다. 김씨의 자손들이 자기 어머니를 경조 김씨라고 칭한 것은 자신들이 외국 출신임을 드러내지 않기 위해서였던 것으로 보인다. 엄연히 신라인이면서도 그렇게 처신한 것은 그들이 소수민족이었기 때문이라고 볼 수 있다. 그래서 한나라가 혼란에 빠졌던 시절에 자신의 집안이 한반도가 아닌 요동으로 갔다고 말한 것으로 보인다.

김일제 후손들이 세력을 보유한 상태에서 중국을 떠났다는 점은 앞서 언급한 김수로의 500척 함선 이야기에서도 잘 드러난다. 김수로가 함선 500척을 동원해 석탈해를 추격했던 시점은 가야가 세워진 지 2년 뒤로, 서기 44년의 일이다. 김수로가 도래하기 전에는 가야 땅에 그만한 군사력이 없었다. 이 점은 《가락국기》에도 드러난다. 책에 따르면, 김수로가 가야를 세우기 전에 이곳은 아홉 족장인 9간干이 통치하는 곳이었다. 나라 이름도 없고 군신의 칭호도 없는 상태였다. 또 가구 수는 100호였다고 한다. 이러한 상황에서 함선 500척을 갖추는 것은 불가능하다. 따라서 함선은 김수로가 이끌고 왔던 것이라고 볼 수 있다.

그런데 김일제 후손 가운데서 김알지가 이끄는 세력은 김수로 세력과 길을 달리했던 것으로 보인다. 그들은 가야 건국에 참여하지 않았다. 김알지 세력이 김수로 세력과 별개로 행동했다는 점은 신라 탈해왕이 그들을 환대한 사실에서도 드러난다. 김알지 신화에 따르면, 석탈해는 김알지를 양자로 받아들였다. 이것은 석탈해가 김알지 세력을 적극 수용했음을 상징한다고 볼 수 있다. 석탈해는 김수로에게 원한이 있었다. 석탈해의 입장에서는, 김수로의 친족이면서 김수로와 별개로 행동하는 김알지가 정치적으로 가치 있는 인물일 수밖에 없었다.

그런데 김알지 세력은 김수로 세력보다 약했을 가능성이 있다. 김알지는 김수로보다 한반도에 정착한 시점이 뒤쳐진다. 김알지가 정착 과정에서 더 많은 시간을 소모했던 것이다. 그래서 김수로는 국가를 세웠지만 김알지는 그렇게 하지 못했던 것으로 보인다. 그러나 김수로에는 미치지 못했지만, 김알지 역시 상당한 세력을 가지고 신라에 출현했다. 이는 김알지 신화 속의 몇몇 장치에서 상징적으로 드러난다.

외세로부터
신라를 보호하는 비결

앞서 김알지 신화의 내용을 잠시 언급했다. 이 신화에는 나무와 닭이 등장한다. 흰 닭이 옆에서 울고 있는 와중에 나뭇가지에 걸린 황금 상자에서 김알지가 나왔다.

고대인의 사유 체계에서 나무는 하늘과 땅을 매개하는 역할을 했다. 우주와 지상을 연결하는 중간자 기능을 했던 것이다. 이런 역할을 하는 나무를 '우주목宇宙木'이라 부른다. 삼한三韓 시대의 솟대도 우주목의 하나다. 김알지 신화에 등장하는 나무도 그러한 상징성을 띤다.

우주와 지상을 연결하는 것이 꼭 나무만은 아니었다. 하늘 높이

치솟은 거대한 신전도 나무와 유사한 상징성을 띠었다. 가장 대표적인 것이 이라크 지방에 있었던 지구라트Ziggurat 신전이다. 지구라트를 세운 이들은 기원전 4000년 무렵부터 역사 무대에 등장한 수메르인이다. 이들은 티그리스강과 유프라테스강 사이에 문명을 건설했으며, 이 문명을 기원전 1900년 이후까지 유지했다. 이들은 하늘 높이 벽돌을 쌓아 신전을 세웠다. 우주와 지상을 잇겠다는 의지를 표출한 것이다. 이를 묘사한 것으로 보이는 기록이 《구약성경》 〈창세기〉 11장에 나온다. 그 무대는 시날Shinar평지다. 시날평지는 티그리스강과 유프라테스강 사이에 있다. 이곳에서 벌어진 유명한 사건이 바벨탑 축조다. 이 축조 과정이 〈창세기〉 11장 2절에 다음과 같이 기록되어 있다.

> 그들이 동방으로 옮기다가 시날평지를 만나 거기 거류하며 서로 말하되, 자! 벽돌을 만들어 견고히 굽자 하고 이에 벽돌로 돌을 대신하며 역청으로 진흙을 대신하고 또 말하되, 성읍과 탑을 건설하며 그 탑 꼭대기를 하늘에 닿게 하여 우리 이름을 내고 온 지면에 흩어짐을 면하자 하였더니.

바벨탑은 지구라트와 같은 위치에 건설되었으며 또한 같은 모습으로 축조되었다. 이것은 바벨탑이 곧 지구라트였을 가능성을 높여준다. 위 인용문의 내용처럼 수메르인들은 하늘에 닿을 목적으로, 다시 말해 우주에 닿을 목적으로 신전을 축조했다. 유대인의 관점에서는 옳지 않은 일이었으나 수메르인의 행동은 우주와 지상을 잇겠다는 의지의 표현이었다.

김알지 신화에 등장하는 나무도 그와 동일한 기능을 수행했다. 지구라트와 같은 거대한 축조물은 아니지만, 이 우주목도 우주와 지상을 연결한다는 상징성을 띠었다. 상징성 면에서는 지구라트나 우주목이나 차이가 없었다. 규모 면에서만 차이가 날 뿐이다. 지구라트는 하늘 높이 치솟은 데 비해 우주목은 그렇게까지는 높지 않았다. 이는 메소포타미아와 한반도의 지형 차이에 기인하는 것으로 보인다. 메소포타미아의 경우에는 강 유역을 제외한 대부분의 지역이 사막이나 평원이다. 이런 곳에서는 넓은 공간에 지구라트 같은 대형 건축물을 짓는 일이 어렵지 않다. 하지만 산악 지대가 대부분인 한반도에서는 대형 건축물을 짓기가 쉽지 않았다. 신라인의 입장에서는 주변에서 쉽게 볼 수 있는 산악 지대에서 자라는 나무가 우주와 자신들을 연결해준다고 생각하는 편이 훨씬 더 쉬웠을 것이다. 규모는 어떻든 간에, 김알지 신화 속의 우주목은 수메르인의 지구라트 같은 우주적인 상징성을 가지는 것이었다.

흰 닭 역시 우주목과 같은 연결자 역할을 했다. 닭은 꿩과에 속하는 새다. 고대인에게 조류는 우주목과 동일한 상징성을 띠었다. 일례로, 삼한의 솟대 꼭대기에는 새의 형상이 있다. 나무와 새가 동일한 상징성을 띠었던 것이다. 비슷한 방식으로 김알지 신화 속의 나무와 닭도 연결자의 역할을 했다. 박혁거세 신화에는 하늘을 나는 말이 등장한다. 김알지 신화에 등장하는 닭은 수메르인의 지구라트뿐 아니라 박혁거세 신화에 등장하는 말과도 동일한 상징성을 가진다.

나무와 흰 닭을 김알지 신화에 출현시킨 것은 그의 등장이 우주의 섭리임을 형상화하기 위한 장치였다고 볼 수 있다. 석탈해 신화에는 까치는 등장하지만 나무는 나오지 않는다. 석탈해는 바닷물에 떠밀려온 상자 속에서 나왔을 뿐이다. 그는 우주목으로 해석될 만한 상징물과 연관되지 않았다. 반면 김알지 신화에는 조류에 더해 우주목까지 등장한다. 김알지 신화의 무게가 석탈해 신화를 압도했던 것이다. 김알지는 석탈해보다 늦게 신라에 출현했다. 그러면서도 석탈해보다 더 강력한 신화를 만들었다. 이는 김알지의 등장이 석탈해의 등장보다 훨씬 더 큰 위력을 발휘했다는 증거가 될 수 있다.

이러한 점을 보여주는 간접 증거가 있다. 김알지 신화는 석탈해 신화와는 다르지만, 박혁거세 신화와는 유사하다. 《삼국사기》〈신라 본기〉 '박혁거세' 편에 따르면, 나무 옆에서 울부짖던 말이 알을 남기고 떠났으며 그 알에서 박혁거세가 나왔다. 말은 조류는 아니다. 하지만 신화 속의 그 말은 하늘을 날아다녔다. 천마天馬였던 셈이다. 천마는 지증왕智證王의 무덤일 가능성이 높은 경주 천마총에서도 확인되었다. 여기서 출토된 유물에 천마가 그려져 있었던 것이다. 땅바닥의 흙이 튀는 것을 막고자 말안장에 붙이는 '말다래'라는 물건이 있는데, 이 말다래에 천마의 모습이 그려져 있었다. 천마는 우주와 지상을 연결하는 존재로 인식되었다. 김알지 신화 속의 닭은 천마와 동일한 의미를 지닌다. 김알지 신화와 박혁거세 신화가 유사하다는 것은 김알지가 등장 초기부터 시조 박혁거세에 필적하는 위상을 가지고 있었을 가능성을 보여준다. 친족인 김수로보다는 못하지만 상당한 세력을 거느렸을 가능성이 있는 것이다.

앞서 사위의 왕위 계승을 인정하는 나라는 양자의 계승을 인정하지 않는 경향이 있다고 설명했다. 반대로 양자의 왕위 계승을 허용하는 나라는 사위의 계승을 부정하는 경향이 있다고 했다. 김알지가 등장하기 전에 신라에서는 이미 사위의 왕위 계승이 허용되었다. 석탈해의 등극으로 그와 같은 선례가 생겼다. 그런데도 석탈해는 외래인 김알지를 양자로 받아들였고 태자로 세웠다. 이는 김알지가 그 당시 신라에서 박혁거세에 근접하는 위상을 가지고 있었기 때문이라고 볼 수 있다. 양자로 받아준 것이 아니라, 양자로 들일 수밖에 없었던 것이다. 김알지 입장에서 보면, 그가 신라의 양자가 되어준 셈이었다.

석탈해나 김알지 같은 강자가 등장하지 않았다면 신라 역사는 어떻게 되었을까? 우선 신라 왕실은 외부인에게 왕위를 개방하지 않았을 것이다. 하지만 신라 왕실은 나라를 세운 지 얼마 되지 않아 존망을 좌우하는 위기에 직면했다. 제2대 남해왕 시기에 석탈해가 들이닥치고, 제4대 탈해왕 시기에 김알지가 들어온 것이었다.

만약 신라 왕실이 두 사람에게 끝까지 무력으로 맞섰다면 역사는 어떻게 바뀌었을까? 앞서 언급했듯이 신라 왕실은 2대 혹은 4대만에 멸망했을지도 모른다. 물론 신라가 나라를 지켰을 가능성도 있지만, 그보다는 잃었을 가능성이 훨씬 더 크다. 초기의 신라는 가야연맹과 외국 사이에서 수세에 놓여 있었다. 《삼국사기》 〈신라 본기〉 '파사이사금' 편에 언급되는 것처럼, 초기 신라는 가야연맹 수장이 내정에 간여하는 것까지 허용했다. 신라는 그 정도로 약한 나라였다. 그런 신라가 석탈해와 김알지라는 두 외래 세력에 정면으로 맞섰다면, 국체를 유지하는 일이 결코 쉽지 않았을 것이다.

신라 왕실은 외래 세력의 왕위 계승을 허용하되 최소한의 자존심은 지키고자 했다. 외래 세력이 기존의 정체성을 그대로 유지하는 것은 인정하지 않고, 박성 왕실의 일원이 되어 신라 왕권을 획득하는 것만 인정했던 것이다. 외부 세력의 힘을 인정하면서도 자신들의 체면을 유지하는, 나름의 유연성을 발휘했다. 그래서 사위에게 왕위를 넘기고 양자를 태자에 책봉하는 사례를 만들었던 것이다. 이렇게 생긴 관행은 석씨·김씨를 박성이라는 커다란 테두리에 묶어두는 효과를 산출했다.

석씨나 김씨의 시각에서 이 문제를 다시 바라보자. 이들의 입장에서는, 자신이 보유한 무력이 박성 왕실을 능가할지라도 박성을 넘지 못할 사연이 있었던 것으로 보인다. 앞서 설명했듯이 박혁거세 가문은 신라 땅에서 신성한 존재로 인식되었다. 석씨와 김씨는 이 신성성의 벽을 넘을 수 없었던 것 같다. 그 벽을 넘을 수 있었다면, 굳이 박성 가문의 간판을 이용할 필요가 없었을 것이다. 신라라는 나라의 테두리에 갇힐 필요도 없었을 것이다. 하지만 그들에게는 그럴 힘까지는 없었던 것으로 보인다.

왕위를 양보한
김알지

김알지는 석탈해보다 훨씬 더 강력한 모습으로 신라 무대에 등장했다. 하지만 석탈해보다 뒤지는 측면이 있었다. 석탈해는 자신의 대에 왕이 되었다. 그러나 김알지는 신라 왕의 양자가 되고 이윽고 태자까지 되었지만 왕이 되지는 못했다. 김알지 혈통이 왕이 된 것은 6대손인 미추왕에 이르러서다. 상당한 세월이 흐른 뒤에야 김씨 혈통의 왕이 출현했던 것이다.

석탈해에게는 석구추라는 아들이 있었다. 하지만 석탈해는 석구추 대신에 김알지를 태자로 세웠다. 김알지가 석탈해의 양자가 되었지만, 김알지가 석씨 성을 쓴 것은 아니었다. 석탈해나 김알지나 모두 박성의 일원이었다. 다만 박성 안에서 석씨와 김씨라는 지파를 유지했을 따름이다.

김알지는 박성 왕실의 일원이자 탈해왕의 태자였으므로, 정상적인 경우라면 제5대 군주에 등극했어야 한다. 하지만 석탈해를 승계한 사람은 김알지가 아니었다. 그렇다고 석구추도 아니었다. 석탈해를 이은 사람은 제2대 남해왕의 손자이자 제3대 유리왕의 차남인 박파사였다.

파사왕의 등극과 관련해 《삼국유사》와 《삼국사기》의 기록은 외견상 다르다. 《삼국유사》 〈기이〉 편에서는 김알지가 "태자의 자리를 파사왕에게 물려주고 왕위에 오르지 않았다"고 서술했다. 김알지는 석탈해가 입양했던 사람이다. 그러므로 왕위를 양보할 것이라면, 석탈해의 아들인 석구추에게 양보하는 것이 순리에 맞다. 하지만 김알지는 유리왕의 아들에게 왕위를 양보했다. 그 자신이 왕이 되지 않고 킹메이커에 만족했던 것이다. 이는 박혁거세 혈통이 여전히 강력한 위상을 보유하고 있었기 때문이라고 해석할 수 있다. 김알지 역시 박혁거세 후손의 위상을 인정했던 것이다.

한편 《삼국사기》 〈신라 본기〉 '파사이사금' 편에서는, 석탈해가 죽은 뒤에 신하들이 유리왕의 장남인 박일성을 세우려 했다가 막판에 차남인 박파사를 세웠다고 언급했다. 위엄이나 지능 면에서 차남이 장남을 압도하기 때문이었다는 것이다. 여기서는 킹메이커로서의 김알지의 역할이 설명되지 않았다.

《삼국유사》와 《삼국사기》 가운데 어느 쪽 이야기를 믿어야 할까? 이 점을 이해하는 데 도움이 될 만한 단서가 있다. 바로 파사왕의 부인이다.

파사왕의 부인은 김사성金史省이다. 《삼국사기》 〈신라 본기〉 '파사이사금' 편에 따르면, 김사성은 김허루金許婁의 딸이다. 당시 신라에서 김씨 혈통은 김알지의 자손뿐이었다. 이것은 김허루와 김사성이 모두 김알지의 혈통이었음을 의미한다. 김알지 아래에 김허루가 있고, 김허루 아래에 김사성이 있었던 것이다. 《삼국사기》에 따르면 김알지는 서기 65년에 알에서 태어났고, 김사성은 서기 80년에 파사왕의 왕비였다. 65년에 태어난 사람의 자손이 어떻게 80년에 왕비가 될 수 있었을까? 65년에 알에서 태어났다는 것은 그 해에 출생했다는 뜻이 아니라 그 해에 그가 신라 사회에 등장했다는 의미다. 또 고구려 건국 연도가 뒤로 밀린 사실에서도 나타나듯이 《삼국사기》의 연도에는 오류가 많다. 이런 점들을 감안하면 김알지의 자손이 80년에 왕비가 되는 것이 이상하지 않을 것이다. 김알지는 왕자 신분으로 신라에 정착했다. 김알지가 왕자 신분을 가지고 있었으니 김사성 역시 당연히 왕족이었다.

그런 김사성이 파사왕의 부인이었다는 사실은 파사왕이 김알지 계열과 제휴했음을 반영한다. 또 이는 김알지가 아닌 박파사가 왕이 된 이유를 설명한다. 박파사는 김알지 계열의 지원을 받아 왕위에 올랐다. 외래 출신인 김알지 계열의 입장에서는 연대를 통해 신라 왕실 안에서 자신들의 입지를 높일 수 있다고 판단했을 것이다.

이상의 내용을 종합하면, 파사왕이 김알지의 양보로 왕이 되었다는《삼국유사》의 기록도 맞고, 파사왕이 장남과 경쟁해 왕이 되었다는《삼국사기》의 기록도 맞다.《삼국사기》기록을 풀이하면 파사왕이 김알지의 지원을 받으며 장남과 경쟁해 왕이 되었다는 말이 된다. 그러므로《삼국유사》와《삼국사기》기록은 하나의 현상을 서로 다른 각도에서 기술한 것일 뿐이다.

김알지는 허약한 신라 왕국에 진입해서 왕실 후계자의 지위를 차지했지만, 박파사에게 왕위를 양보했다. 그래서 그는 왕이 되지 못했다. 대신 손녀를 왕후로 만드는 것으로 만족해야 했다. 김알지 계열은 쉽게 왕위를 얻는 듯했지만, 이는 김알지 본인의 대에는 성취되지 않았고 그 아들 대에도 이루어지지 못했다. 손자 대에도 마찬가지다. 시간이 흐를수록 김알지 계열의 왕위 획득은 점점 더 요원해졌다.

김알지 혈통의
왕위 계승

박씨·석씨·김씨 세 계열은 박성이라는 울타리 안에서 신라 왕족을 구성했다. 이들은 왕실 구성원하고만 결혼했다. 집단 내부에서 폐쇄적으로 결혼이 이루어졌던 것이다. 이른바 근친혼은 하늘이 내려 보낸 신성한 인물로 추앙된 박혁거세의 후손들 사이에서만 권력이 유지되도록 하는 데 기여했다. 그래서 근친혼은 왕권의 신성화에 기여한 측면이 있다.

박성 가문에 가장 늦게 합류한 김알지 계열은 근친혼을 통해 박성 왕족들과 섞이면서 신라 왕국의 지배에 참여했다. 하지만 박씨·석씨와 달리 김씨는 오랫동안 왕권을 차지하지 못했다. 신라의 태자였던 김알지가 왕위를 양보했기 때문이다. 김씨가 박성 가문의 대표 지위를 획득한 것은 김알지의 6대손 때에 가서였다. 제13대 미추왕 때에 이르러서야 김씨는 비로소 신라 군주의 지위를 차지했다.

왕위에 오르기 전, 미추에게는 몇 가지 지위가 있었다. 우선 그는 김알지의 6대손이므로 왕족의 지위를 가지고 있었다. 또 그는 석탈해의 4대손이자 골정骨正의 아들인 조분왕助賁王의 사위였다. 왕족이라는 지위와 사위라는 지위를 겸했던 것이다. 근친혼 풍습이 있는 신라 왕조에서는 이런 경우가 매우 흔했다. 왕족 지위와 사위 지위 중에서 더 유리한 것은 당연히 사위였다. 미추는 왕족이지 왕자는 아니었다. 그래서 미추 입장에서는 조분왕의 사위라는 지위가 왕권을 승계하는 데 더 유리했다.

그런데 미추왕은 조분왕의 다음 임금이 아니었다. 조분왕은 제11대 왕이고 미추왕은 제13대다. 조분왕과 미추왕 중간에 제12대 임금이 있었던 것이다. 12대는 조분왕의 동생인 첨해왕이다. 조분왕에 이어 첨해왕이 왕위에 오르고, 그 뒤를 미추왕이 이었다. 첨해왕이 조분왕을 승계한 사실은 얼핏 보기에는 아무 문제도 없어 보인다. 첨해왕이 조분왕의 동생이기 때문이다. 동생이 형을 승계하는 것은 우리 시각에는 이상한 일이 아니다. 하지만 그 당시 신라 사람들의 눈에는 그렇지 않았다. 그것은 정상적인 일이 아니었다.

일반적으로 형제간에 왕위가 상속되는 것은 딸만 있고 아들이

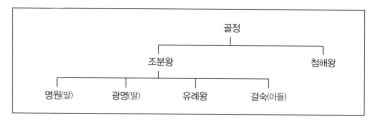

〈표 5〉 골정의 자손들

```
                        골정
              ┌──────────┴──────────┐
            조분왕                 첨해왕
      ┌────┬────┴────┬────┐
   명원(딸)  광명(딸)  유례왕  걸숙(아들)
```

없는 경우다. 선왕에게 딸은 있지만 아들이 없어서 왕위를 이을 사람이 없을 때, 형제가 왕위를 잇는 것이다. 그런데 앞서 언급했듯이 신라에서는 딸이나 사위의 왕위 계승을 인정했다. 그러므로 형제간의 왕위 승계가 이루어질 일이 별로 없었다. 조분왕에게는 딸이 있었다. 따라서 동생인 첨해왕이 조분왕을 승계할 필요가 없었다.

게다가 조분왕에게는 딸뿐 아니라 아들도 있었다. 명원命元과 광명光明이라는 두 딸과 유례儒禮와 걸숙乞淑이라는 두 아들이 있었다. 딸들에게는 남편도 있었다. 광명의 남편이 바로 미추다. 그렇기 때문에 조분왕의 경우 일차적으로는 아들이 그의 후계자가 될 수 있었고, 이차적으로는 딸이나 사위가 될 수 있었다. 이렇듯 후계자 후보가 많았음에도 동생인 첨해왕이 그들을 제치고 왕위를 차지했던 것이다. 이는 제11대에서 제12대로 넘어가는 왕위 교체가 정상적인 절차를 밟지 않은 것이었을 가능성을 보여준다. 즉 불법 찬탈의 가능성이 있는 것이다.

결과적으로 첨해왕에게 정권이 넘어갔지만, 첨해왕 계열이 계속해서 왕권을 지킬 수는 없었다. 첨해왕에게 자녀가 없었던 것이다. 그래서 첨해왕이 죽은 뒤 조분왕의 자녀에게 기회가 돌아왔다. 《삼국사기》에 따르면, 첨해왕은 247년부터 262년(음력으로 신사년 12월 26일)까지 15년간 왕위를 유지했다. 그가 후사 없이 세상을 떠나면서 조분왕의 딸과 아들에게 다시 기회가 왔고, 이러한 분위기 속에서 조분왕의 사위인 미추가 왕이 되었던 것이다.

첨해왕이 죽기 직전까지 후사를 얻지 못했다면 미리 조카들 가운데 하나를 후계자로 세웠을 만도 했다. 조분왕의 딸 혹은 사위나 손자 가운데서 후계자를 만들 수도 있었다. 하지만 첨해왕은 그렇게 하지 않았다. 그러한 상황에서 첨해왕이 죽고 조분왕의 사위인 미추가 왕위를 차지했다. 이 점은 첨해왕이 죽기 직전까지도 첨해왕과 조분왕 계열이 긴장 관계에 있었을 가능성을 보여준다. 첨해왕이 왕위에 오를 때도 이런 긴장 관계가 있었을 가능성이 높다.

《삼국사기》〈신라 본기〉 '미추이사금' 편에 따르면, 미추는 특수한 왕위 계승 절차를 밟았다. 그는 전임자인 첨해왕의 후계자 자격으로 왕이 된 것이 아니었기 때문이다. 그는 국인들의 추대를 받아 왕이 되었다. 첨해왕과 갈등이 있었기 때문에, 그러한 절차를 밟아야 했던 것으로 보인다.

조분왕에게는 유례와 걸숙이라는 두 왕자가 있었으므로 조분왕의 공주나 사위가 임금이 되는 것은 자연스럽지 않은 일이었다. 따라서 미추가 왕이 되는 것은 부자연스러운 일이었다. 당시 유례와 걸숙이 너무 어려서 왕위를 계승하기 어려웠던 것은 아닐까? 하지만 그럴 가능성은 전혀 없다. 조분왕이 죽은 뒤에 첨해왕은 14년간이나 임금 자리에 있었다. 미추가 왕이 되었을 무렵에는 조분왕의 아들들이 최소한 15세는 넘은 뒤였다. 유례와 걸숙은 아무리 적게 잡아도 10대 중반 이상이었다.

남은 가능성은 하나다. 첨해왕이 죽은 뒤에 벌어진 권력 투쟁에서 미추가 주도적인 역할을 했기 때문이라고 볼 수밖에 없다. 첨해왕에게 빼앗긴 왕권을 조분왕 쪽으로 찾아오는 과정에서 미추가 정국 주도권을 차지했던 것이다. 그래서 사위인 그가 왕이 되었다고 해석된다.

미추왕이 제13대 임금으로 등극한 연도는 262년이다. 김알지가 신라에 도래한 때는 1세기 후반이다. 그러니까 2세기 만에 김알지의 혈통이 신라 왕위에 오른 것이다. 물론 박성 왕실의 입장에서는 이를 다른 관점에서 보았을 것이다. 박성 가문의 딸들이 김알지의 혈통과 혼인했던 것이므로, 여성의 입장에서 보면 박성 왕실의 혈통이 여전히 왕권을 잡은 것이 된다. 동시에 남성의 입장에서 보면 김알지의 혈통이 왕권을 차지한 것이 된다.

미추왕은 23년간 신라를 다스렸다. 그런 뒤에 왕권은 한동안 조분왕의 아들 쪽에서 계승되었다. 조분왕의 아들인 유례가 미추왕에 뒤이어 제14대 왕이 되고, 또 다른 아들 걸숙의 아들이 제15대 왕이 된 것이다.

미추왕의 등극을 계기로 김알지 혈통은 그 이후의 왕위 계승에서 중요한 역할을 했다. 박혁거세 직계 혈통보다 김알지 혈통이 왕이 된 사례가 훨씬 더 많았다. 물론 모두가 박성 가문의 일원으로서 왕위를 승계한 것이지만, 세부 혈통을 따지자면 그렇다는 말이다.

김알지 혈통이 기반을 굳히는 과정에서 석탈해 혈통이 결정적인 역할을 했다는 점에도 주목해야 한다. 그러한 사례는 김알지 때도 있었고 미추왕 때도 있었다. 김알지 때는 석탈해가 김알지를 왕실의 양자로 들였다. 미추왕의 경우에는, 그가 석탈해 직계인 조분왕의 사위라는 사실이 왕권 획득의 계기가 되었다. 김알지 혈통이 신라 왕실에 편입될 때와 왕권을 잡을 때마다 석탈해 혈통이 중요한 역할을 했던 것이다.

미추왕이 등장한 이후 석탈해 혈통이 연달아 세 차례나 왕위에 올랐다. 유례왕·기림왕基臨王·흘해왕이 그들이다. 기림은 앞서 언급한 걸숙의 아들이다. 흘해왕은 기림과 8촌 관계였다. 바로 이 흘해왕이 석탈해 혈통이 낳은 마지막 왕이었다. 유례왕이 미추왕에 이어 등극한 해는 284년이고 흘해왕이 사망한 해는 356년이다. 미추왕에 이어 석탈해 혈통 세 명이 72년간 왕위를 차지했던 것이다. 왕후가 아닌 왕을 기준으로 할 때, 흘해왕 이후로는 석탈해 혈통이 왕권 계보에서 사라지고 박혁거세 혈통과 김알지 혈통이 왕권을 나누어가지게 되었다.

제5장

왕비족의

공존

고허촌의 협력을 업은
박혁거세

박혁거세는 신라 땅을 군사적으로 점령하지는 못했다. 그가 유목민 세력을 거느리고 출현했을 가능성이 높지만, 그 전부터 현지에 있었던 양산촌·고허촌 같은 6촌村을 물리적으로 압도하지는 못했다. 만약 그에게 힘이 있었다면 토착 세력인 6촌과 연합할 필요 없이 단독으로 나라를 세웠을 것이다.

박혁거세는 6촌의 추대를 받아 신라의 시조가 되었다. 이 과정에서 중요한 역할을 했던 촌 가운데 하나가 양산촌이다. 이곳은 신라 건국 신화에서 박혁거세가 발견된 장소다. 신화에 따르면, 박혁거세는 지금의 경주시 남산에 해당하는 양산에서 발견되었다. 그는 하늘에서 내려온 말과 함께 강림했다고 한다. 바로 이 양산을 근거지로 하는 지역이 양산촌이다. 이 같은 신화는 박혁거세가 신라에 정착하는 과정에서 양산촌이 특별한 역할을 했음을 시사한다. 양산촌은 박혁거세가 출현하는 무대가 되었다는 점에서 신라 역사에서 중요한 장소다.

그런데 박혁거세를 6촌 전체와 연결한 촌은 양산촌이 아니었다. 지금의 경주시 서부에 고허촌이라는 곳이 있었는데, 양산촌에서 보면 고허촌은 서북쪽이었다. 바로 이 고허촌이 박혁거세와 6촌을 매개했다. 《삼국사기》〈신라 본기〉'박혁거세' 편에 따르면, 박혁거세를 발견한 사람은 고허촌장 소벌蘇伐이었다. 소벌은 양산 기슭의 나정이라는 우물 옆에서 이상한 소리가 들린다는 것을 깨달았다. 그 소리는 나정 옆의 숲속에서 말이 무릎을 꿇은 채 울부짖는 소리였다. 소벌은 그리로 달려갔다. 그가 도착했을 때는 말은 이미 사라지고 큰 알만 하나 있었다. 소벌은 알에서 나온 아이를 거두어 길렀다. 신화에 따르면, 박혁거세가 신라 사회에 정착하기 전까지 고허촌이 그를 지원했다. 박혁거세는 양산촌을 무대로 출현하기는 했지만 고허촌의 지원을 받아 신라에 정착했다.

《삼국유사》에서는 이와 조금 다르게 설명한다. 《삼국사기》에 따르면, 소벌 혼자 달려가서 아이를 발견했다. 이에 비해 《삼국유사》에서는 이상한 소리를 듣고 아이를 찾기까지의 과정을 6촌 촌장 전체가 함께했다고 말했다.

《삼국사기》와《삼국유사》의 내용은 일견 모순되지만, 모순이 아닐 수도 있다.《삼국사기》에서는 고허촌이 주도적인 역할을 했다는 점을 강조했다고 볼 수 있다. 6촌 전체가 함께했지만 그중에서도 고허촌의 역할이 가장 두드러졌다는 점을 강조한 것이다. 이에 비해《삼국유사》에서는 6촌 전체의 협력 과정을 강조했다. 고허촌의 주도하에 6촌 전체가 박혁거세의 신라 정착에 협조했다는 점을 이야기하는 것이다. 그렇다면 두 기록의 차이는 단순히 관점이나 시각의 차이라고 볼 수 있다.

이처럼 박혁거세는 단독으로 신라를 세우지 못했다. 그는 토착 세력을 압도하지 못했고 오히려 그들의 도움에 의존했다. 그는 특히 고허촌에 큰 신세를 졌다. 이것은 박혁거세의 위상과 지도력을 제한하는 결과를 초래할 수밖에 없었다.

박혁거세의 위상과 지도력을 제한했던 또 다른 요인이 고허촌의 협력 속에 있었다. 바로 이 점이 우리가 신라 왕실을 이해하기 어렵게 느끼는 원인을 제공했다. 신라 왕실의 복잡한 족내혼도 따지고 보면 이 때문에 생긴 것이었다. 고허촌의 협력은 신라 왕실 근친혼의 원인 중 하나로 작용했다.

초대 왕비
알영의 등장

고허촌은 박혁거세와 6촌을 연결하는 것 외에 또 다른 역할도 수행했다. 박혁거세의 배우자인 알영이 신화적인 방식으로 신라에 출현해 왕후가 되는 데에도 고허촌이 중요한 역할을 했던 것이다. 바로 이 알영의 등장과 그 등장이 지니는 무게가 신라 왕실 족내혼·근친혼의 결정적인 배경이 되었다.

알영 신화에 관해서는 《삼국사기》와 《삼국유사》의 기록에 별 차이가 없다. 다만 《삼국유사》의 정보가 좀더 자세한 편이다. 《삼국유사》에서는 사량리에 있는 우물가에 계룡이 나타났고, 이 계룡의 옆구리에서 여자아이가 나왔다고 전한다. "얼굴과 모습이 매우 고왔지만, 입술이 마치 닭의 부리 같았다." 냇가에서 목욕을 시키자 부리는 사라졌다고 한다. 그러고 나서 사람의 얼굴이 되었다는 것이다. 그 아이가 바로 알영으로 훗날 박혁거세의 왕후가 된다. 《삼국유사》는 토착 세력이 알영과 박혁거세를 정성스럽게 키운 뒤에 임금 부부로 모시게 되었다고 전한다.

《삼국유사》에서는 알영이 사량리에서 출현했다고 기록했다. 《삼국사기》 〈신라 본기〉에 따르면, 사량리의 원래 지명은 고허촌이다. 훗날 유리왕 때 사량부로 개칭되었다. 알영이 출현할 당시에는 사량이 아니라 고허였지만, 《삼국유사》에서는 나중에 붙은 지명을 근거로 알영이 사량리에서 출현했다고 기록한 것으로 보인다. 이러한 점을 보면, 고허촌이 박혁거세를 6촌과 매개하는 데 그치지 않고 알영을 등장시키는 역할까지 수행했음을 알 수 있다.

박혁거세처럼 알영도 신라 6촌에 기반을 가진 인물이 아닌 외래인이었다. 만약 이 지역에 전통적인 기반을 갖추고 있었다면, 그의 등장이 신화적으로 묘사되었을 리 없다. 알영은 이방인이었기에 토착 세력의 눈에 신비하게 보일 수 있었던 것이다. 그리하여 알영에 관한 신화가 만들어졌다.

알영은 토착 세력이 아니었을 뿐 아니라 평범한 일반인도 아니었다. 만약 그가 '얼굴과 모습이 매우 고울' 뿐 별다른 특장점이 없는 일반 여성이었다면, 토착 세력이 그의 출현을 신화적으로 받아들이지 않았을 것이다. 알영은 특별한 무언가를 가진 여성이었다.

알영이 가진 특별함의 비결이 무엇인지는 어렵지 않게 알아낼
수 있다. 그 점은 알영의 자녀들이 사제 역할을 수행한 사실을 통
해 추론할 수 있다. 그와 박혁거세 사이에서 태어난 남해왕은 차차
웅이라 불리운 무당 지도자였다. 남해왕의 누이인 아로공주는 시조
사당의 최고 사제였다. 일국의 시조 사당에서 최고 사제의 지위에
오른 사람은 기본적으로 영적인 능력을 가지는 샤먼이었다. 이것은
아로공주 역시 무당이었음을 뜻한다. 이렇듯 알영의 자녀들은 영적
인 능력을 가지고 있었다. 게다가 알영 본인은 신화의 주인공이었
다. 이는 알영도 샤먼이었음을 뜻한다. 알영이 가진 영적인 능력이
자녀들에게 유전되었던 것이다.

김수로가 신라 남쪽 땅인 가야에 정착하는 과정을 담은 《가락국
기》에는 그의 결혼에 관한 이야기가 나온다. 가야가 건국된 지 6년
뒤인 48년의 일이다. 이때까지 김수로는 독신으로 살았다. 임기만
채우고 물러나는 대통령도 아니고 종신 집권하면서 후계자를 배출
해야 할 임금이 홀아비로 살았으니, 주변에서 지켜보는 사람들로
서는 불안할 수밖에 없었다. 결국 토착 세력의 지도자들이 나섰다.
"신臣들의 딸 중에서 가장 아리따운 사람을 골라서 궁중에 보내겠
습니다"라며 김수로에게 결혼을 건의했던 것이다. 김수로는 그 제
안을 받아들이지 않았다. 다른 생각이 있었기 때문이다. 그는 토착
세력의 딸이 아닌 인도 혈통의 허황옥許黃玉을 전격적으로 데려와
결혼을 성사시켰다. 토착 세력의 제안은 이루어지지 않았지만, 이

사례는 외래 출신 군주를 대하는 토착 세력의 태도를 보여준다. 외래 세력을 물리칠 힘이 없어 군주로 맞이하기는 했지만, 자신들의 딸이라도 왕비로 들여 권력을 가지려 했던 토착 세력의 심리를 반영하고 있다.

그런데 신라 토착 세력은 그러한 제안조차 꺼내지 못했다. 박혁거세의 등장에 이어 알영이라는 여성이 연달아 나타났기 때문이다. 이 알영 역시 신비한 능력을 가지고 있었다. 신라의 토착 세력은 이 여성 역시 물리칠 힘이 없었다. 그래서 박혁거세와 알영의 결혼을 지켜볼 수밖에 없었다. 허황옥과 김수로의 결혼식장에서 억지로 박수를 쳤을 가야 토착 세력처럼, 신라 토착 세력도 알영과 박혁거세의 혼인을 환영해야 했다.

고대사회에서
왕비의 위상

신라에서 알영은 일반적인 왕비나 건국 시조의 부인보다도 훨씬
더 위상이 컸다. 알영은 처음부터 독자적인 신비함으로 스스로를
둘러싸면서 역사에 등장했다. 박혁거세 신화의 조연 수준이 아니
라, 자기 신화의 주인공으로 등장한 것이다. 그래서 신라의 건국 신
화는 엄밀히 말하면 하나가 아니라 둘이다. 알영 신화와 박혁거세
신화는 모두 신라의 건국 과정을 설명하는 이야기 장치였다.

이와 같은 알영의 위상은 그의 혈통이 정치적인 독자성을 획득
하는 데 기여했다. 단순히 왕에게 선택받은 평범한 왕비로 끝나지
않았던 것이다. 알영은 왕을 선택하고 왕의 신성성을 강화할 수 있

는 독자적인 역할을 가지고 박혁거세의 동반자가 되었다.

왕비의 위상이 높았던 사례는 신라 이외의 왕조에서도 찾아볼 수 있다. 조선 왕조 때도 그랬다. 왕비는 왕실의 간택을 통해 선정되기는 했지만, 독자적인 책봉식을 거쳐 그 자리에 올랐다. 오늘날 퍼스트레이디의 경우에는 별도의 취임식이 없다. 대통령 남편의 경우에도 마찬가지다. 이들은 자신의 배우자와 함께 대통령 취임식에 참석할 뿐이다. 하지만 조선 왕비는 왕의 즉위식과 구별되는 독자적인 책봉식을 치렀다.

왕비는 궁궐 여성은 물론이고 관료의 부인들까지 통솔하는 권한을 가졌다. 아울러 왕이 도성을 비울 경우에는 국정을 대리 운영하는 권한도 행사했다. 조선 세종世宗 8년 2월 15일(1426년 3월 23일)에 한양에서 대형 화재가 발생하자, 때마침 도성을 비운 세종을 대신해 화재 진압을 진두지휘한 것은 영의정이 아니라 소헌왕후昭憲王后 심씨였다. 대통령의 유고有故 또는 궐위闕位 시에 국무총리가 최고권한을 행사하는 대한민국과 달리, 왕조 시대에는 왕비가 권한을 행사했다.

한편 왕비의 지위는 남편과 관계없이 유지되었다. 퍼스트레이디나 대통령 남편은 배우자가 임기 중에 죽거나 퇴임하면 청와대를 나와야 한다. 하지만 왕비는 그렇지 않았다. 남편이 죽으면 대비 자리에 올라 오히려 권한이 더 강력해졌다. 임금이 죽고 후계자가 즉위하기까지 며칠간은 대비가 비상대권을 행사했다. 이 기간에 대비는 경우에 따라서는 차기 임금을 결정할 수도 있었다. 또 인조仁祖 쿠데타(인조반정) 때의 인목대비仁穆大妃가 그러했던 것처럼, 대비는 정변이나 쿠데타를 승인하는 권한까지 행사했다.

왕비가 재상보다 높은 행정적인 권력을 행사할 수 있었던 것은 왕비 역시 왕과 더불어 나라의 주인으로 인식되었기 때문이다. 왕비가 존재하던 시기는 국민주권 시대가 아니었다. 왕실이 하늘로부터 위임받은 주권을 보유한다고 믿었던 시대였다. 그래서 왕실의 안주인인 왕비도 왕과 더불어 나라를 소유한다는 관념이 있었다. 왕이 권한을 행사할 수 없는 상황에서는 안주인인 왕후가 나라를 이끄는 것이 당연하다고 인식되었다. 재상은 어디까지나 최고경영자일 뿐이었다. 그렇기 때문에 안주인이 건재한 상황에서는 재상이 나설 수 없었던 것이다.

알영의 위상은 앞서 언급한 일반적인 왕비들이 가지는 위상보다 훨씬 더 강력했다. 그의 힘이 막강했다는 점은 알영이 자신의 지위를 세습시켰다는 사실에서도 잘 드러난다. 알영의 왕비 지위는 본인 대에서 끝나지 않고 그가 낳은 딸들에게로 이어졌다. 왕비의 지위를 여자 후손에게 대물림하는 것은 보통의 힘으로는 할 수 없는 일이다. 하지만 알영은 그 일을 해냈다.

알영 혈통의
지위 세습

사극에서 흔히 볼 수 있는 것처럼, 왕비를 배출한 외척 가문은 막강한 권력을 행사했다. 어떤 경우에는 임금의 권한까지도 압박할 정도였다. 하지만 외척의 권력은 왕실의 권력만큼 오래가지 못했다.

조선 시대에 살아생전 왕비 자리에 오른 여성은 모두 서른여섯 명이다. 이들의 성씨는 다양하다. 몇몇 집안에서 독점적으로 왕비를 배출한 것이 아니라 비교적 많은 가문에서 골고루 배출했기 때문이다. 왕비를 배출한 성씨는 열 개였다. 김씨가 열 명으로 가장 많고, 윤씨가 여섯 명으로 그다음이다. 민씨·한씨가 각 세 명, 박씨·장씨가 각 두 명, 강씨·송씨·신씨·류씨·조씨·어씨·서씨·홍씨가 각 한 명이었다. 당시에는 김씨가 이씨 왕실에 해롭다는 관념이 있었다. 김金이라는 한자의 금속 성분이 이李라는 한자의 나무 성분을 벨 수 있다는 관념, 다시 말하면 도끼가 나무를 벨 수 있다는 관념 때문에 김씨 왕비의 출현을 경계했는데도 열 명이나 된다. 철학적인 이유에서 김씨를 경계했지만 현실적으로 김씨의 권력을 막을 길이 없었던 것이다. 하지만 그런 김씨도 왕비 자리를 세습하지는 못했다. 전체 왕비의 22.7퍼센트인 열 명을 배출했을 뿐이다. 외척의 권력이 대대로 이어지는 것은 이렇게 힘든 일이었다.

그런데 박혁거세가 신라 왕위를 남자 후손에게 물려주었던 것처럼, 알영은 왕비 지위를 여자 혈통에게 물려주었다. 신라인의 관점에서 보면, 왕과 왕비의 지위는 거룩한 혈통을 가진 사람에서 그 혈통을 이은 사람에게로 이어졌다.

박혁거세의 후계자인 제2대 남해왕의 왕비는 운제다. 운제는 아루阿婁라고도 불린다. 운제를 알영의 딸로 보기는 힘들다. 기록에서 확인할 수 있는 알영의 딸은 아로공주뿐이다. 기록상의 공주가 아로뿐이라는 점 외에도, 운제를 알영의 딸로 볼 수 없는 이유가 있다. 신라에서 근친혼이 성행했다고 해도, 친남매를 결혼시키는 것은 상식에서 벗어난 일이었다. 따라서 운제는 알영의 딸이 아닐 확률이 높다.

운제의 신원에 관해서는 정확한 단서를 찾아내기 어렵다. 하지만 단서가 전혀 없는 것은 아니다. 기록을 살펴보면 운제는 보통 사람이 아닌 무당이었을 가능성이 높다. 《삼국유사》 〈기이〉 편에 그에 관한 기록이 남아 있다. 〈기이〉 편에서는 남해왕에 관한 이야기를 하면서 운제부인을 소개했다. "지금의 영일현 서쪽에 운제산 성모聖母가 있다"면서 "가뭄 때 기도를 드리면 감응이 있다"고 설명했다. 운제산은 지금의 포항시에 있었다. 운제는 죽어서 이 산의 성모로 추앙을 받았다. 죽어서 신이 되었다는 것은 그가 거룩한 사람이었음을 뜻한다. 고대사회에서 이런 사람들은 살아생전 샤먼으로 활동했다. 운제 역시 샤먼이었을 가능성이 매우 높다.

알영의 딸은 왕비가 되지 못했지만 알영의 손녀는 왕비가 되었다. 그리고 신라의 왕비 자리는 왕비의 후손에게 계승되었다. 이런 흐름을 본다면, 알영의 뒤를 이어 제2대 왕비가 된 운제 역시 알영과 밀접한 관계일 가능성이 높다. 알영과 운제는 모두 샤먼이었다. 이를 고려하면, 운제가 알영의 자매나 가까운 혈족이었을 가능성이 있다. 자기 딸을 자기 아들과 혼인시킬 수는 없으므로 가까운 핏줄 가운데서 며느리를 골랐을 가능성이 높다. 운제가 박혁거세나 알영과 관련이 없는 여성이었다면 신라인들이 운제를 성모로 받들지 않았을 것이다. 운제가 알영의 딸은 아니지만 알영의 일가였기에 신성성을 인정받아 사후에 추앙을 받았다고 보는 것이 합리적이다.

이제 다음 이야기로 넘어가도록 하자. 제2대 왕비 운제는 알영의 친족으로 보이지만, 제3대부터는 알영의 직계 혈통에서 왕비가 배출되기 시작했다.

왕비족의
형성과정

신라 제3대 왕은 남해왕의 아들인 유리왕이다. 유리왕에게는 왕비가 셋 있었다. 이 중에서 신원이 확인되는 왕비는 첫 번째 왕비뿐이다. 《삼국사기》〈신라 본기〉'유리이사금' 편에서는 첫째 왕비가 박씨라고 소개했다. 이 시대에 신라에서 박씨는 한 집안뿐이었다. 즉 박혁거세와 알영의 몸에서 태어난 후손 외에는 없었다. 유리왕의 부인이 박씨였다면, 그는 곧 알영의 몸에서 나왔음을 뜻한다. 알영의 여자 후손인 것이다. 기록에 따르면 알영의 딸은 아로공주뿐이다. 그렇다면 박씨는 알영의 딸이 아니라 손녀가 된다. 알영의 손녀가 알영의 직계 혈통으로서는 최초로 왕비가 된 것이다.

그렇다면 알영의 손녀인 박씨는 누구의 딸이었을까? '유리이사금' 편에서는 박씨의 정체에 대해 두 가지 설을 소개했다. 하나는 일지의 딸이라는 설이고, 하나는 허루許婁의 딸이라는 설이다. 일지의 딸이 박씨였다는 '유리이사금' 편의 기록에 따르면, 일지 역시 박씨라는 이야기가 된다. 일지가 박씨이고 일지의 딸이 박혁거세의 손녀였다는 것은 일지가 박혁거세의 아들이었음을 의미한다. 한편 허루는 앞에서 언급한 김사성의 아버지로 보인다. 이름 한자가 똑같다는 점에서 그렇게 판단할 수밖에 없다.

'유리이사금' 편의 기술 방식을 보면, 일지의 딸이라는 설을 먼저 소개하고 허루의 딸이라는 설을 부수적으로 소개했다. "왕비는 일지 갈문왕葛文王의 딸이다"라고 한 다음에 작은 글씨로 "성은 박이며 허루왕許婁王의 딸이라고도 한다"고 적었다. "성은 박이며 허루왕의 딸이라고도 한다"는 표현에 주의해야 한다. 자칫하면 허루왕이 박씨였던 것처럼 읽힐 수 있기 때문이다. '파사이사금' 편에서는 허루를 김씨로 기록했다는 사실을 기억할 필요가 있다. 그러므로 '성은 박'이라는 표현은 박씨가 박일지의 딸이라서 박씨라는 사실을 환기시킨 것이라고 볼 수 있다. 이에 따르면 박씨는 일지의 딸일 수도 있고 허루의 딸일 수도 있다. 《삼국사기》의 내용만 보아서는 박씨의 부모를 알아낼 수 없다.

한 개인의 혈통을 두고 두 가지 설이 있을 경우, 흔히 어느 한쪽이 잘못되었을 것이라고 생각하기 쉽다. 하지만 실제로는 그렇지 않았다. 이 이야기가 신라인의 귀에는 전혀 이상하게 들리지 않았을 것이다. 이 점을 이해하기 위해 반드시 살펴보아야 할 자료가 있다. 먼저 이 문헌에 관한 이야기를 한 다음에 유리왕 부인의 친부 문제를 다시 고찰할 것이다.

필사본 화랑세기,
신라사를 푸는 열쇠

유리왕의 부인 박씨의 친부를 이해하는 데 도움을 제공할 수 있는 문헌이 있다. 바로 필사본 《화랑세기》다. 《화랑세기》는 신라 시대 학자인 김대문金大問이 남긴 화랑의 역사서다. 지금 남아 있는 《화랑세기》는 김대문이 쓴 《화랑세기》 인쇄본이 아니라 인쇄본을 손으로 직접 베낀 것이다. 그래서 흔히 '필사본 《화랑세기》'라고 부른다. 이 책의 원본은 일본 왕실도서관에 있다. 1910년부터 2년간 일본이 압수한 조선 고서적은 약 20만 권에 이른다. 이들 서적의 상당수가 여전히 왕실도서관에 있다.

일본 왕실도서관에 《화랑세기》 원본이 있다는 사실을 안 학자가 있었다. 박창화朴昌和였다. 그는 일제강점기 때 젊은 시절을 보낸 학자로, 일본 왕실도서관에서 근무하는 기회를 이용해 원본《화랑세기》를 손으로 베꼈다. 그렇게 해서 얻은 지식을 기초로 그는 일본에서 〈신라사에 대하여〉라는 논문도 발표했다. 그가 베낀《화랑세기》는 그가 죽은 뒤인 1989년과 1995년에 세상에 공개되었다. 바로 이 책에 유리왕의 부인이 "일지의 딸일 수도 있고 허루의 딸일 수도 있다"는 기록을 푸는 열쇠가 있다.

필사본《화랑세기》가 공개되자 학계에서 반발이 쏟아졌다. 학계의 비판 중 하나는 박창화가 손으로 베낀 내용이 원본과 일치하는지 어떻게 장담할 수 있느냐는 것이었다. 그 비판에는 일리가 있다. 박창화가《화랑세기》를 정확하게 베꼈는지 여부는 본인밖에 모르는 일이다.

하지만 오늘날 우리가 역사 학술서에서 접하는 참고문헌의 상당수는 필사를 통해 확보된다. 예컨대 당안관檔案館이라 불리는 중국의 사료 보관소에서는 외국 학자에게 원문의 열람만 허용하며 복사나 촬영은 금지하는 경우가 많다. 이 경우, 학자들은 사료를 손으로 베낀 다음에 그것을 기초로 논문을 작성한다. 이렇게 하면 논문을 작성한 본인 외에는 원문을 확인할 길이 전무하다. 독자들이 논문을 검증하는 길은 중국 당안관을 직접 찾아가는 것밖에 없다. 박창화의 필사 과정에 담긴 문제점이 다른 학자들에게도 똑같이 적용되는 것이다. 따라서 박창화에게만 지나치게 엄격한 잣대를 적용할 수는 없을 것이다. 일본 왕실도서관이《화랑세기》를 한민족에게 반환하지 않는 한, 한국 학자가 할 수 있는 일은 왕실도서관에 들어가서 내용을 베끼는 방법뿐이다. 박창화로서는 최선을 다한 것이었다고 평가할 수밖에 없다.

　필사본《화랑세기》에 대한 또 다른 비판 가운데 하나는, 이 책에 나오는 신라 풍속이《삼국사기》나《삼국유사》에는 나오지 않는다는 비판이다. 그래서 필사본《화랑세기》를 믿을 수 없다는 주장도 있다. 필사본이 조작되었다는 것이다. 하지만 이와 같은 비판은 적절하지 않다.《삼국사기》는《화랑세기》처럼 신라 왕실이나 화랑들의 은밀한 생활을 담은 책이 아니다.《삼국사기》는 각 시대에 벌어진 정치 사건들을 주로 담은 책이다. 그렇기 때문에 왕실과 화랑의 사생활이나 풍속 등이《삼국사기》에 나오지 않는 것은 지극히 당연하다. 필사본《화랑세기》의 분위기가《삼국유사》와 다른 것도 이해하지 못할 일이 아니다.《삼국유사》는 불교 관점에서 집필한 책이다. 그래서 이 책에는 주로 불교의 역사가 담겨 있다. 고대 신라의 종교인 신선교에 기초한 풍속이《삼국유사》에 잘 나타나지 않은 것은 너무나 지당한 일이다.

　필사본《화랑세기》에 대한 일부 비판에 문제가 있는 것은 사실이지만, 그렇다고 이 책이 김대문의 원본《화랑세기》와 완벽히 일치할 것이라고 단정할 수는 없다. 하지만 일본에 빼앗긴 고서를 일본 왕실도서관에서 확인한 학자가 그것을 허위로 베꼈을 것이라고 단정하는 것 역시 위험한 일이다. 그러므로 필사본을 무턱대고 부정할 수도 없다. 현재로서는 위작일 가능성도 염두에 두면서, 이 책을 참고용으로만 활용하는 것이 바람직하다.

필사본 《화랑세기》를 보면, 유리왕의 왕비가 일지의 딸일 수도 있고 허루의 딸일 수도 있다는 이야기를 푸는 열쇠를 얻을 수 있다. 그 열쇠는 바로 마복녀摩腹女·마복자摩腹子 풍습이다.

마복녀·
마복자 풍습

필사본《화랑세기》를 참조하면 유리왕의 부인이 일지의 딸일 수도
있고 허루의 딸일 수도 있다는 말을 어느 정도 이해할 수 있다. 유
리왕의 부인과 비교할 수 있는 사례 중 하나는 필사본《화랑세기》
의 첫머리에 나오는 위화魏花의 이야기다. 위화는 초대 풍월주였다.
이 책에서는 그를 다음과 같이 소개했다.

> 위화는 섬신剡臣의 아들이다. 어머니는 벽아부인碧我夫人이다. 어
> 머니가 총애를 받은 덕분에 비처왕毗處王의 마복자가 되었다.

이 문장에는 위화의 어머니와 아버지에 대한 정보가 나온다. 위화는 섬신과 벽아의 아들이다. 그런데 그에게는 아버지가 둘이었다. 그를 마복자로 둔 비처왕도 아버지였다. 위화는 섬신에게는 친자, 비처왕에게는 마복자였던 것이다. 비처는 신라 제21대 임금인 소지왕炤知王의 또 다른 이름이다.

마복자는 '문지를 마摩', '배 복腹', '아들 자子'로 구성된 단어다. 배를 쓰다듬어 낳은 아들이라는 뜻으로, 자기 몸으로 낳은 아들이 아니라는 의미다. 마복자에 대응하는 단어가 마복녀다.

남성 A의 입장에서 볼 때, 마복자는 교제 중인 여성이 다른 남성 B와의 사이에서 낳은 아들이다. 신라에서는 B의 아이라고 해서 A와 무관하다고 생각하지 않았다. 아이를 임신한 동안에 A가 아이 엄마와 이성적인 관계를 맺고 있었기 때문이다. A와 B가 한 여자를 동시에 상대하던 상황에서 아이가 태어난 것이므로, 대외적으로 어떻게 말하느냐에 따라 아이는 B의 아들이 될 수도 있고 A의 아들이 될 수도 있었다. 이때 아이는 B에게는 친생자가 되지만 A에게는 마복자가 된다.

지금 같았으면 A와 B 사이의 감정이 썩 좋지 않았을 것이다. 하지만 신라 왕실에서는 두 남성 사이에 평화가 유지되었다. A는 마복자를 친아들처럼 대했다. A와 아이 사이에는 의부-의자의 관계가 생겼다. 훗날의 상황 전개에 따라서는 정치적인 동지 관계까지도 형성될 수 있었다. 아이 입장에서는 B뿐 아니라 A도 아버지였다. 아이는 두 명 이상의 아버지를 인생의 후원자로 두는 셈이다. 풍월주 위화의 경우도 마찬가지였다. 섬신이 친부라면, 비처왕은 의부였다.

《삼국사기》에서는 유리왕의 왕비에 관해 "일지 갈문왕의 딸이다"라고 한 다음에 작은 글씨로 "성은 박이며 허루왕의 딸이라고도 한다"고 적었다. 이것은 유리왕의 왕비가 법적으로는 일지의 친딸이지만 허루에게는 마복녀라는 의미다.

필사본《화랑세기》에는 이와 유사한 사례가 자주 등장한다. 필사본《화랑세기》제11대 풍월주 '김용춘' 편에는 미실의 아들에 대한 이야기가 나온다. 미실은 드라마〈선덕여왕〉에서 주인공 선덕여왕보다 더 많은 주목을 받은 신비의 여성이다. 그는 남편인 세종世宗과의 사이에서 아들 옥종玉宗을 임신했다. 한편 미실은 세종의 부인이자 진흥왕의 첩이기도 했다. 그는 옥종을 가진 상태에서 진흥왕의 입궁 명령을 받았다. 이로 인해 옥종은 미실과 진흥왕이 함께 하던 상황에서 출생했다. 옥종이 태어나자 진흥왕은 그를 마복자로 삼았다.

또 다른 사례로 김춘추가 있다.《삼국사기》〈신라 본기〉'태종무열왕太宗武烈王' 편에서는 김춘추를 두고 "진지왕의 아들인 용춘의 아들이다"라고 하면서 '용춘' 밑에다가 '혹은 용수'라는 주석을 달았다. 김춘추의 아버지가 진지왕의 두 아들인 김용춘 혹은 김용수라는 것이다. 이에 대해《삼국유사》〈왕력王曆〉편에서는 "용춘의 아들"이라고 한 다음에 "용춘을 용수라고도 한다"고 적었다.《삼국유사》에 따르면, 김용춘과 김용수는 동일인이다.《삼국사기》에 따르면, 두 사람은 동일인일 수도 있고 아닐 수도 있다.

《삼국사기》와《삼국유사》의 내용은 어떻게 보면 외견상 충돌하고 어떻게 보면 그렇지 않다. 이러한 의문이 풀리지 않을 때 필사본《화랑세기》를 참조하면,《삼국유사》의 내용이 틀렸을 가능성이 높다는 판단에 도달하게 된다. 필사본《화랑세기》에서는 김용춘과 김용수가 동일인이 아니라 형제 사이라고 설명하기 때문이다.

필사본《화랑세기》에는 진흥왕의 손자이자 진지왕의 조카인 진평왕의 가족사가 나온다. 진평왕에게는 두 번째 왕비에게서 얻은 왕자가 있었다. 그런데 이 왕자는 다른 아이들에 비해 너무 어렸다. 왕자를 제외하면 나머지 자식은 모두 공주였다. 진평왕의 세 딸은 천명·덕만·선화다.

《삼국사기》는 덕만, 즉 선덕여왕이 장녀였다고 기록했다.《삼국사기》에서 이렇게 설명했음에도 필자가 덕만을 천명의 다음 자리에 놓은 이유는 아래에서 설명할 것이다. 한편 셋째 딸 선화는 진평왕의 딸이 아니라 비지比智라는 왕족의 딸이라는 설도 있고, 전북 익산 토호의 딸이라는 설도 있다.《삼국유사》에서는 진평왕의 셋째 딸이라고 기록했다.

뒤늦게 왕자를 얻기는 했지만 오랫동안 딸만 셋을 둔 진평왕은 후계자 문제로 고심했다. 고민한 결과, 처음에는 사위에게 왕권을 넘겨주려 했다. 필사본《화랑세기》'김용춘' 편에 따르면, 진평왕은 자신의 사촌이자 진지왕의 아들인 김용수에게 왕위를 물려줄 생각을 품었다. 김용수를 사위로 삼은 뒤 후계자로 만들려 했던 것이다. 그와 같은 목적으로 진평왕은 김용수를 장녀인 천명과 결혼시켰다. 천명 입장에서는 당숙 아저씨를 남편으로 맞이했던 것이다.

그런데 천명은 이 결혼이 마음이 들지 않았다. 사랑 없는 정략결혼이었기 때문이다. 천명은 사랑이 수반된 결혼 생활을 하고 싶었다. 그에게는 사랑하는 남자가 있었다. 그 남자는 김용수의 동생인 김용춘이었다. 천명은 작은 당숙을 사랑했던 것이다. 우리 시대 관념으로는 천명의 사랑이 용납되지 않지만, 근친혼이 당연시되었던 신라 왕실에서는 이런 일이 아무렇지도 않게 일어났다. 박성 왕실 밖의 사람과 결혼하는 것은 왕실에 대한 배신이었다. 왕조 시대에 왕실에 대한 배신은 반역과 다를 바 없는 것이었다.

작은 당숙에 대한 천명의 애정은 결혼 후에도 식지 않았다. 그래서 그는 결혼 후에도 김용춘을 가까이했다. 그러면서도 김용수와의 결혼 관계 역시 저버리지 않았다.《삼국사기》와《삼국유사》에서는 김춘추의 아버지가 누구인가를 두고 모호한 설명을 했다. 김용춘인지 김용수인지, 두 사람이 동일인인지 아닌지를 명확히 설명하지 못했다. 그 이유가 바로 여기에 있다. 천명이 김용수와 결혼한 뒤에도 계속해서 김용춘을 가까이했기 때문에 그 사이에서 태어난 아들이 누구의 아들인지 불명확했던 것이다.

하지만 필사본《화랑세기》에 기록된 정황을 살펴보면 생부를 추정하는 것이 어렵지 않다. 천명은 김용춘을 더 가까이했다. 따라서 김춘추가 김용춘의 친자, 김용수의 마복자일 확률이 높다.《삼국유사》에서는 김용춘이 곧 김용수라고 기록했다. 필사본《화랑세기》를 근거로 한다면《삼국유사》의 내용은 틀린 것이다.《삼국사기》에서는 김춘추의 아버지는 김용춘이며 김용수일 수도 있다고 기록했다. 필사본《화랑세기》에 의거하면《삼국사기》 기록이 사실에 어느 정도 근접한 것이다.

초대 풍월주 위화, 미실의 아들 옥종, 김춘추 등의 사례에서 확인할 수 있는 마복자 풍습은 신라 왕실이 근친혼을 인정했기 때문에 나타난 부득이한 결과로 보인다. 신라 왕실에서는 박혁거세와 알영의 피를 물려받은 사람만이 왕이나 왕비가 될 수 있었다. 물론 제2대 남해왕의 왕비는 알영의 후손이 아닌 친족일 가능성이 높지만, 그것은 왕족 숫자가 극히 적었던 건국 초기의 부득이한 사례일 뿐이다. 이런 경우를 제외하면, 박혁거세와 알영의 피를 물려받았거나 아니면 그들의 사위 혹은 양자가 된 사람들만이 신라 왕실의 정통성을 계승할 수 있었다. 이로 인해 배우자의 범위가 매우 제한되었고, 이 때문에 왕실 내부에서 치정에 얽힌 질투가 생겨날 가능성이 높았다. 이런 가능성을 막는 데 마복자 풍습이 기여했을 것이다. 이 풍습은 동일한 이성을 배우자로 삼은 형제나 친족들이 아이를 공동 양육하고 상호 협력할 수 있도록 하는 데 긍정적인 영향을 미쳤다.

앞서 유리왕의 왕비인 박씨가 일지의 딸이라는 설과 허루의 딸이라는 설이 있다고 설명했다. 보다 정확히 표현하면, 일지의 딸일 가능성이 더 크지만 허루의 딸일 가능성도 있었다. 일지와 허루가 박씨 왕비의 아버지일 가능성이 있다는 것은 두 사람이 동일한 여성을 가까이했음을 뜻한다. 그런 상태에서 둘 중 하나가 박씨 왕비를 낳았다. 박씨 왕비가 일지에게는 친딸이고, 허루에게는 마복녀였을 것이다. 기록이 없으므로 추측에 의존할 수밖에 없다.

유리왕의 부인인 박씨가 왕비가 될 수 있었던 것은 아버지뿐 아니라 어머니도 거룩한 혈통이었기 때문이다. 그의 아버지가 거룩한 혈통이라는 것은 확연하게 드러난다. 하지만 어머니가 누구였는지는 기록이 남아 있지 않아 알 수 없다. 다만 왕비의 혈통에서 왕비가 배출된다는 공식이 유지되려면, 박씨 왕비의 어머니가 알영의 친족 가운데 한 명이어야 한다. 그래야만 박씨 왕비 역시 어머니와 아버지 양쪽에서 거룩한 혈통을 이어받게 되는 것이다.

이와 같은 근친혼 관계를 통해 신라 왕실은 박혁거세의 핏줄에서 왕을 배출했고 알영의 핏줄에서 왕비를 배출했다. 고려나 조선의 왕실과 달리, 두 사람의 핏줄을 모두 타고난 사람만이 왕이나 왕비가 될 수 있었다. 물론 그러한 원칙을 완벽히 지킨 것은 아니었다. 석탈해처럼 사위 자격으로 왕실에 들어온 사람도 있었고, 김알지처럼 양자로 들어온 사람도 있었다. 어떻게 들어왔든 간에 박혁

거세나 알영의 혈통으로 간주되는 사람만이 왕이나 왕비의 자격을
획득했다. 이런 과정을 통해 박혁거세의 혈통에서는 왕족이, 알영
의 혈통에서는 왕비족이 형성되었다.

제6장

고대 일본과

신라 왕실의

유사성

멀지만 가까운 나라,
왜국

앞서 언급했듯이 신라에서는 왕과 왕비의 자격을 논할 때 부계뿐
아니라 모계의 혈통까지 함께 따졌다. 이런 전통은 신라의 이웃나
라인 일본에도 있었다.

신라와 일본은 지리적으로는 가깝지만 정치적으로는 아주 멀었
다. 이에 비해 백제와 일본은 지리적으로는 멀지만 정치적으로는
아주 가까웠다. 일본은 가깝지만 먼 나라 신라를 걸핏 하면 침공했
다. 신라 내물왕 때의 침공은 꽤 유명하다. 광개토태왕릉 비문에 따
르면, 왜국의 침공을 받은 신라 내물왕은 광개토태왕에게 원조를
요청했다. 그러자 고구려 태왕은 서기 400년에 기병과 보병 5만을

보내 신라를 구원했다. 이런 사례가 한두 번이 아니었기 때문에, 신라와 일본 사이에 유사성이 별로 없었을 것이라고 생각하기 쉽다. 그래서 두 나라 왕실 간에 공통성이 있으리라는 생각에 도달하기 힘들다.

하지만 관계가 가까울수록 오히려 더 많이 싸우는 법이다. 인간관계도 그렇고 국제관계도 마찬가지다. 길고도 지루한 국제분쟁을 겪는 나라들은 대개 인접한 국가들이다. 혈연적으로나 지리적으로 인접할수록 이해관계가 엇갈리기 쉽다. 그래서 분쟁이 벌어질 가능성도 높아진다. 반면 관계가 멀수록 오히려 가까워지기 쉽다. 동북아시아 국가가 인접한 동북아시아 국가와 분쟁을 겪기는 쉬워도, 저 멀리 떨어진 아프리카 국가와 싸울 일은 별로 없다.

진시황이 중국을 통일하기 이전, 중국이 전국 시대라는 분열을 겪을 때의 역사서인 《전국책戰國策》〈진책秦策〉 편에 따르면, 책략가 범저范雎는 진秦나라 소왕昭王과의 면담에서 '가까운 나라를 공격하고 먼 나라와 화친을 맺는 것이 이롭다'는 '원교근공遠交近攻' 전략을 제안했다. 이 원교근공에 잘 들어맞는 관계가 바로 신라와 일본의 관계였다. 두 나라는 걸핏 하면 싸우는 사이였다. 자주 싸웠다는 것은 실은 가까운 사이였다는 의미다. 양국은 지리적으로 가까웠을 뿐 아니라 혈통적으로도 가까웠을 가능성이 높다. 이를 증명하는 데 도움이 될 자료가 있다.

백제와 고구려가 멸망하고 반세기가량 흐른 뒤인 733년, 일본

쇼무천황聖武天皇 시기에 저술된 책이 있다. 출운국出雲國(이즈모국)의 풍토와 문화를 소개한 《출운국풍토기出雲國風土記》라는 책이다. 출운국은 일본열도 서쪽 해안가에 있었다. 한반도와 마주보고 있는 지역으로, 지금의 시마네 현 이즈모 시에 해당한다. 출운(이즈모)이라는 이름은 고대에 이 지역을 지배한 씨족의 명칭에서 따온 것이다. 일본 초기 신화의 상당부분이 이즈모와 주변 지역을 배경으로 하는 것으로 보아, 고대에는 이즈모 지배 세력의 영향력이 강력했던 것으로 보인다. 이즈모 지배 세력은 기원전 4세기에 야마토 정권에 흡수되었다가, 서기 7세기부터 출운국이라 불리었다. 고대 일본에서 국國은 나라가 아니라, 우리나라로 치면 군郡 단위의 지방 세력을 뜻했다.

《출운국풍토기》에는 야쓰카미즈오미쓰노八束水臣津野라는 거인이 출현한다. '미코토命'라는 존칭을 붙여 야쓰카미즈오미쓰노노미코토八束水臣津野命라고도 불리는 거인이다. 야쓰카미즈오미쓰노는 이즈모 땅이 너무 좁다고 여겼다. 그는 이즈모 땅을 넓히고자 '시라기'를 포함한 여러 지역을 끌어당겼다. 그렇게 여기저기서 끌어당긴 땅을 이즈모에 붙였다.

고대에는 인구밀도가 지금보다 훨씬 낮았다. 그래서 토지보다는 인력이 더 필요했다. 인력을 많이 확보하는 쪽이 농업 생산성을 증대시켜 세수를 늘릴 수 있었다. 이는 고대의 전쟁이 본질적으로 영토 빼앗기가 아니라 백성 빼앗기, 좀더 정확히 표현하면 농민 빼앗기였던 데서도 드러난다. 이 점은 우리 역사에서도 확인할 수 있다. 《삼국사기》〈백제 본기〉 '의자왕義慈王' 편에 따르면, 643년에 백제 장군 윤충允忠은 신라 대야성을 함락한 후에 그곳 주민 1천여 명을 백제 수도 사비성의 서쪽으로 옮겨놓았다. 사비성 서쪽의 노동력 부족을 해소하는 것이 전쟁의 목적이었기 때문이다. 한편 《삼국사기》〈고구려 본기〉 '미천왕美川王' 편에 따르면, 302년에 미천왕이 3만 군대를 이끌고 중국이 설치한 현도군을 침공해 주민 8천 명을 포획했다. 미천왕은 이 주민들을 평양으로 옮겼다. 이 역시 노동력 충원이 전쟁의 목적이었던 것이다. 고대국가들은 새로운 농경지가 필요할 때는 적국의 영토를 점령하는 데 주력했지만, 새로운 인력이 필요할 때는 적국의 백성을 빼앗는 데 중점을 두었다. 고대에는 토지보다는 인력이 더 필요했으므로 영토보다는 백성을 빼앗기 위한 전쟁이 더 많이 벌어질 수밖에 없었다.

이러한 점을 토대로 생각하면, 거인의 국토 끌어당기기는 주민을 늘리기 위한 것이었다고 해석해야 한다. 이 판단에 힘을 실어주는 사례가 앞서 언급한 시라기의 정체다. 시라기는 한자로 '지라기志羅紀'라 표기한다. 일본 학계에서 지라기, 즉 시라기는 신라를 지칭하는 표현으로 인정된다. 신라는 동해를 사이에 두고 이즈모를 마주보고 있었다. 그렇기 때문에 신라 땅이 이즈모 땅에 편입되는 것은 물리적으로 불가능했다. 따라서 신라인이 이즈모에 진출해서 그곳에 융합되었다는 의미로 해석하는 것이 이치에 맞다.

신라인이 고대 일본을 건설하는 데 참여했다는 점은《삼국유사》〈기이〉 편에서도 확인할 수 있다. 〈기이〉 편에는 신라 제8대 아달라왕 시대를 배경으로 하는 설화가 소개되어 있다. 세오녀細烏女와 연오랑延烏郎이 그 주인공이다. 이 둘은 부부였다. 이야기는 남편인 연오랑이 동해에서 해조류를 따다가 거대한 바위를 만나는 장면으로 시작한다. 연오랑 앞에 갑작스레 출현한 바위는 연오랑을 싣고 동쪽으로 흘러갔다. '바위 배'의 종착지는 일본 서해안이었다.

연오랑이 상륙하자 현지인들이 그를 보러 나왔다. 그를 신비하게 여긴 그곳 사람들은 연오랑을 왕으로 추대했다. 우리나라 고대 건국 신화에 외래인 출신의 왕이 등장하듯이, 연오랑 역시 외래인으로서 그 지방의 왕이 되었다. 복잡한 이해관계로 얽혀 있는 토착 세력들의 입장에서는, 현지의 이해관계에 초연한 인물이 왕이 되는 것이 바람직했을 수 있다. 중립적인 인물이 아니고서는 그 나라를 통합하기 힘들었을 것이다. 그래서 신라 출신의 외래인이 왕으로 추대되었을 수도 있다.

일하러 나간 남편이 돌아오지 않자 세오녀는 걱정스러운 마음이 들었다. 그는 남편을 찾아 바닷가로 나갔다. 그런데 세오녀 역시 똑같은 바위를 만났다. 연오랑을 태웠던 바로 그 바위가 세오녀를 태우러 다시 나타났던 것이다. 세오녀도 바위 배를 타고 동해를 건넜다. 일본에서 남편을 만난 세오녀는 그곳의 왕비가 되었다.

김수로가 상당한 세력을 거느리고 가야 토착 세력과 연대한 뒤

가야를 세운 것처럼, 주몽朱蒙이 어느 정도의 세력을 거느리고 소서
노召西奴와 연대한 뒤 고구려를 세운 것처럼, 연오랑 역시 어느 정도
의 신라인 세력을 기반으로 일본 현지의 왕이 되었을 수도 있다. 혈
혈단신으로 해외에 진출해 왕이 되었다는 것은 상식적으로 이해하
기 힘들다. 동화 같은 이야기이기는 하지만, 이 설화는 연오랑을 앞
세운 일단의 신라인 무리가 일본의 국가 형성에 개입했을 가능성
을 보여주는 내용으로 해석할 수 있다.

신라인이 실제로 포함되었는지 여부는 알 수 없지만, 고대에 한
국인들이 일본의 국가 건설에 참여했다는 점은 일부 일본인 학자
들도 인정하는 사실이다. 대표적인 학자가 저명한 고고학자인 에가
미 나미오江上波夫다. 그는 《기마민족국가騎馬民族國家》에서 다음과 같
이 말했다.

외래민족인 천신족, 특히 천손족은 그들의 신화·전승이나 사회
구조를 볼 때, 부여나 고구려와 관련이 있는 동북아시아계 민족
으로서 일본 진출 직전에는 남한인 임나 방면에 근거지를 두고
있었으리라 추측된다. 이 같은 천손족에 관한 역사적인 복원은
고분을 중심으로 한 고고학적 접근법에서 획득한 결론인 '동북아
시아계 기마민족이 첨단 무기와 말로써 강력한 세력을 가진 야마
토 조정을 수립했다'는 관점과 아주 잘 부합한다. 그 같은 역사적
복원은 일본 국가 건설자의 외래설, 즉 동북아시아계 기마민족의

일본 정복설을 점점 더 강화하고 있다.

《삼국유사》〈왕력〉 편에서는 고구려 시조 주몽을 단군의 후예라고 소개했다. 이것은 고구려 왕실이 고조선 왕실의 혈통을 계승했음을 의미한다. 그런데 주몽은 북부여왕 해모수解慕漱의 아들이다. 한편 해모수는 동부여왕 해부루解夫婁의 아버지다.

신채호는 《조선상고사》에서 부여가 고조선 도읍의 별칭이었다고 했다. 벌판을 가리키는 '불'이라는 말을 한자로 표현한 것이 부여라는 설명이다. 백제의 마지막 도읍인 사비성이 훗날 부여로도 불리운 것에서 알 수 있듯이 부여는 도읍의 명칭이었으며, 이것이 고조선의 별칭으로 사용되었다는 것이다. 오늘날 워싱턴Washington이 도시 지명뿐 아니라 미국의 별칭으로도 사용되는 것과 같다. 그러므로 《삼국유사》 등의 사료에 등장하는 부여는 고조선의 별칭으로 보아야 한다는 주장이다. 원래의 고조선, 즉 부여에서 나온 나라는 동부여로 불렸고, 동부여가 분리되기 전의 고조선은 동부여와 구분할 목적으로 북부여라고 불렀다.

주목할 것은 에가미 나미오가 언급한 부여가 고조선과 같거나 거기서 분리된 나라라는 점이다. 신라의 모체인 진한辰韓 연맹체도 바로 이 고조선의 유민들이 형성한 나라였다. 그러므로 부여 계통이 일본 고대국가 건설에 참여했다는 이야기는 고조선 유민들이 그렇게 했다는 의미고, 이는 초기의 신라인도 여기에 참여했을 가능성을 열어놓는다. 여러 가지 정황을 종합하면, 고대에는 신라와 일본이 혈통적으로 가까웠을 가능성이 있다는 결론을 내릴 수 있다.

일본 천황가에
나타나는 관념

신라와 고대 일본 사이에는 지리적인 근접성뿐 아니라 혈연적인 연관성도 있었을 가능성이 높다. 그래서인지 일본 왕실의 결혼제도에서는 신라와 유사한 풍습이 발견된다. 일본에서도 이전 왕비의 혈통을 이어받은 여성이 왕비가 되는 풍습이 있었다. 왕비의 딸은 절대로 차기 왕비가 될 수 없었던 조선 왕조와 달리, 고대 일본 왕실은 신라와 흡사한 면이 있었던 것이다.

물론 일본 천황가의 역사에 대해서는 많은 의문이 제기되고 있다. 초대 천황을 포함한 고대의 천황들이 실존 인물이 아닐 것이라는 견해가 강력한 힘을 얻고 있다. 하지만 그들이 실존 인물이든 아니든, 천황 부부의 혈통은 우리에게 유용한 실마리를 제공한다. 천황 부부의 혈통을 확인하면, 왕실에 관한 고대 일본인의 관념이 거기에 깃들어 있음을 알 수 있다. 그 혈통이 허구로 지어낸 것이더라도, 그 속에는 천황가에 대한 일본인의 관념이 숨어 있다. 어떤 사람들이 천황이 되고 황후가 될 수 있는가에 대한 인식이 담겨 있는 것이다.

천황 혈통에 나타나는 관념은 신라인의 관념과 유사한 것이었다. 왕뿐 아니라 왕비의 혈통도 함께 이어받아야만 왕이나 왕비가 될 수 있다는 관념이 일본에도 있었다. 그런데 일본에서는 신라의 경우처럼 왕비족의 권위가 확고하지는 않았다. 일본에서는 왕족과 왕비족의 권력 관계가 상대적으로 불안정했기 때문이다. 그럼에도 신라와 유사한 왕비족의 관념을 왜국에서도 발견할 수 있다.

초대 천황인 진무神武에게는 두 명의 부인이 있었다. 아히라쓰吾平津와 히메타타라이스즈媛蹈鞴五十鈴가 그들이다. 아히라쓰는 진무가 천황이 되기 전에 만난 여성이다. 아히라쓰는 여성에 대한 미칭인 '히메姬'를 붙여 아히라쓰히메吾平津姬라고도 부른다. 진무는 천황이 된 뒤에 히메타타라이스즈와 결혼했다. 이 여성은 사대주事代主라는 신의 딸이었다. 이 여성은 왜국의 초대 황후가 되었다.

종교가 사회를 지배하던 고대사회에서 신의 딸은 곧 무속인 집안의 딸이었음을 암시한다. 712년에 편찬된 일본 역사서 《고사기古事記》의 '진무천황' 편에서는 초대 황후의 탄생을 신화적으로 묘사했다. 이 여성은 화살에서 태어났다. 뛰어난 미모를 가진 그의 어머니가 화장실에 있을 때였다. 신 하나가 그 미모에 반해 화살로 둔갑했다. 화살이 된 신은 은밀한 곳을 찌르며 여성의 몸속으로 들어갔다. 그렇게 해서 히메타타라이스즈가 태어났다고 전해진다. 이 신화에서 그녀는 신성한 인물로 묘사되었다.

진무천황에 대한 이야기가 거짓일지라도 《고사기》 속에 '초대 황후는 무속인'의 개념이 삽입되어 있다는 것은 천황뿐 아니라 황후도 신령한 인물이어야 한다는 고대 일본인의 관념을 반영하는 것이라고 볼 수 있다.

초대 황후를 신성시했다는 점은 전처의 자식이 초대 황후를 대하는 태도에서도 드러난다. 진무천황이 죽은 뒤 제2대 천황 자리는 히메타타라이스즈의 아들에게 넘어갔다. 그가 스이제이천황綏靖天皇이다. 그런데 이에 불만을 품은 또 다른 아들이 있었다. 첫째 부인의 아들인 다기시미미노手研耳였다. 그는 아버지가 천황에 오르는 과정에서 공을 세웠다. 그는 자신이 다음 천황이 되고 싶었다. 그 자리를 이복동생에게 빼앗기고 싶지 않았다. 그래서 그는 작은어머니의 자식들을 위해하려고 시도했다. 그뿐 아니라 황후인 작은어머니와 결혼하려고까지 했다.

다기시미미노의 시도는 실패했다. 그의 행위는 현대인의 입장에서는 받아들일 수 없는 것이다. 작은어머니와의 혼인은 명백한 불륜이다. 하지만 그의 입장에서는 그것이 자신의 정치적인 권위를 높이기 위한 일이었다. 다기시미미노는 초대 천황의 아들이었지만 초대 황후의 아들은 아니었다. 따라서 그의 신성성은 절반에 불과했다. 그는 절반은 인간, 절반은 신이었기에 천황이 되기에는 부족했다. 계모와 혼인하고자 했던 그의 시도는 초대 황후의 신성성을 빌리기 위한 것이었다고 볼 수 있다. 다기시미미노의 행동은 초대 황후를 신성시하는 그 당시의 분위기를 의식한 결과였다.

왜국 황후의
지위 세습

초대 황후 히메타타라이스즈는 고대 일본에서 거룩한 존재였다. 그의 신성성은 다음 세대까지 이어졌다. 그에게는 아들만 셋이 있었다. 설령 딸이 있었다고 해도 자기 아들과 결혼시킬 수는 없었다. 그렇기 때문에 그가 딸을 낳지 못했다는 점은 크게 문제가 되지 않았다. 자신과 가까운 혈족 여성이 있으면 되는 것이었다. 마침 그런 여성이 있었다. 초대 황후의 동생인 이스즈요리五十鈴依였다. 이 여성이 초대 황후의 뒤를 이었다.

앞서 신라 제2대 왕비인 운제에 관해 이야기했다. 운제는 초대 왕비인 알영의 딸이 아니었다. 대신 알영의 친족이었을 가능성이 높은 여성이다. 왜국 제2대 황후 이스즈요리는 제1대 왕후 히메타타라이스즈의 동생이다. 신라와 왜국의 사정이 비슷했다는 것을 느낄 수 있는 대목이다.

제2대 천황은 초대 황후의 아들이고, 제2대 황후는 초대 황후의 동생이다. 그러므로 제2대 황후의 입장에서 제2대 천황은 남편이자 조카다. 이러한 결합은 고대 일본인의 관념을 반영한다. 천황과 황후의 혈통을 이은 남성과 여성이 차세대 천황과 황후의 자리를 계승하도록 만들자면, 그와 같은 근친혼이 불가피했을 것이다. 천황 계보가 조작된 것이라 해도 마찬가지다. 왕실 근친혼을 거부하는 정서가 없었기 때문에 천황 계보를 그렇게 조작했다고 볼 수 있기 때문이다. 이 점에서도 왜국은 신라와 별반 차이가 없었다.

제2대 황후 이스즈요리에게는 딸이 없었다. 그는 언니인 히메타타라이스즈처럼 아들만 낳았다. 하지만 이 사실은 제3대 황후의 책봉과는 관계가 없었다. 제3대 천황이 될 이스즈요리의 아들이 누이나 여동생과 결혼할 수는 없었기 때문이다.

앞서 신라 제3대 왕비의 사례를 검토했다. 이 왕비는 초대 왕비인 알영의 손녀였다. 이 여성은 알영의 혈통뿐 아니라 박혁거세의 혈통까지 타고났다. 이 여성이 사촌인 유리왕과 혼인해 제3대 왕비가 되었다. 이것은 알영에게 손녀가 있었기 때문에 가능했다.

왜국 초대 황후에게는 손녀가 없었던 것 같다. 기록상으로 초대 황후는 히코야이日子八井, 가무야이미미神八井耳, 스이제이를 자식으로 두었다. 모두 아들이었다. 이 세 아들 역시 딸을 낳지는 못했던 것으로 보인다. 그래서 초대 황후의 손녀가 제3대 천황의 배필이 되는 일이 발생할 수 없었다. 하지만 그렇다고 해서 아무 여성이나 제3대 황후에 앉힐 수는 없었다. 결국 제2대 황후를 선정할 때와 비슷한 일이 벌어졌다. 제2대 황후는 초대 황후의 동생이었다. 제3대 황후는 초대 황후의 조카였다. 초대 황후의 혈통이 황후 자리를 이어야 한다는 원칙을 이렇게 지킨 것이다.

이처럼 고대 일본에도 신라와 마찬가지로 황후의 혈통이 계승되어야 한다는 관념이 있었다. '개천에서 용 난다'는 말이 적용될 여지가 없었던 것이다. 용은 용이 날 곳에서 나야 했다. 이렇게 고대 일본에서도 왕비족의 관념이 형성되었다. 물론 초기 천황의 계보가 조작되었을 수는 있다. 설령 그렇더라도 이야기의 본질은 달라지지 않는다. '그래야 한다'는 관념이 존재했기 때문에 그 관념에 맞게 계보 조작이 이루어진 것이라고 할 수 있다.

이전 황후의 혈통이 다음 황후가 될 수 있었던 것은 그들의 혈통이 거룩했기 때문이지만, 그것을 가능케 했던 현실적인 조건에도 유의해야 한다. 이는 이전 황후를 떠받치는 세력, 즉 그의 친정을 포함한 지지기반이 정치적으로 건재했기에 가능했다. 권력이 있기 때문에 신성성이 훼손되지 않을 수 있었던 것이다. 아무리 거룩한 혈통을 타고났더라도 당장 입에 풀칠하기도 힘든 처지였다면 세상의 냉대를 피할 수 없었을 것이다.

변화를 거듭한
일본 왕비족

신라와 일본에는 왕족뿐 아니라 왕비족도 존재했다. 이들 나라에서
는 양대 혈통이 모두 신성성을 보유했다. 둘 가운데 더 중요한 쪽은
당연히 왕족이었다. 왕조의 간판은 왕족이었으며, 국제적으로는 특
히 그러했다. 왕조의 정체성도 왕족을 기준으로 평가되었다. 동일
한 왕족이 계속해서 지위를 유지하면 그 왕조는 연속성을 가지는
것으로 인식되었다.

　그래서 하나의 왕조가 유지되는 동안에 왕족이 바뀌는 경우는
없었다. 왕족이 바뀌면 왕조 자체가 바뀌는 것이었다. 또한 하나의
왕조에 두 개 이상의 왕족이 공존할 수도 없었다. 하나의 왕조는 하

나의 왕족으로 구성될 뿐이었다. 박·석·김 3대 왕족이 함께 신라 왕조를 구성했다는 통념도 그래서 틀린 것이다. 박성 왕족 안에 박씨·석씨·김씨 3대 지파가 있었을 뿐이다. 이처럼 왕조가 연속성을 유지하는 데는 왕족의 존속이 결정적인 역할을 했다.

하지만 왕비족의 경우는 사정이 달랐다. 왕족은 왕조의 정통성과 직결되었지만, 왕비족은 그렇지 않았다. 그래서 하나의 왕조가 유지되는 동안 왕족이 바뀌는 일은 없어도 왕비족이 바뀌는 일은 생길 수 있었다. 건국 시조의 신성성이 유지되려면 왕비족도 바뀌지 않아야 했지만, 권력에 대한 도전이 끊임없이 제기되다 보니 왕비족이라고 영원할 수는 없었던 것이다. 권력에 도전하는 세력의 입장에서도 왕족보다는 왕비족 자리를 빼앗는 편이 상대적으로 수월했다. 그리하여 왕비족을 둔 나라에서는 왕비족 자리를 노린 도전이 많이 발생했다.

왕비족이 형성되지 않았던 조선 시대에도 힘 있는 가문들은 임금 자리보다는 왕비 자리를 더 많이 노렸다. 임금 자리를 노리면 까닥하면 역모죄가 될 수 있었지만, 왕비 자리를 노리는 데는 정치적인 위험이 덜 따랐다. 왕비 자리를 차지하면 이를 기반으로 왕 이상의 권력도 누릴 수 있었다.

대표적인 예가 조선 중종中宗 때의 파평 윤씨 집안이다. 이 집안은 중종 시대에 두 명의 왕비를 배출했다. 중종이 연산군燕山君을 몰아내고 등극한 뒤에 첫 번째로 맞이한 왕비는 장경왕후章敬王后 윤씨다. 장경왕후에 이어 두 번째로 맞이한 왕비는 그 유명한 문정왕후 文定王后 윤씨다. 두 여성의 출가를 계기로 파평 윤씨 집안은 중종 때에 세도를 누렸다. 그런데 이 집안의 세도는 중종 시대로 끝나지 않았다. 앞서, 왕비는 남편이 죽으면 대비에 올라 그 힘이 더 강해진다고 설명했다. 남편인 중종이 죽자 문정왕후의 권력은 더욱 강해졌다. 이를 기반으로 그는 아들인 명종明宗 대에 사실상의 임금 역할을 했다. 명종은 허수아비 임금에 불과했다. 명종의 21년 재위 기간 가운데 20년 동안은 문정왕후가 실질적인 통치자였다. 이를 기반으로 파평 윤씨는 한층 더한 권세를 누렸다.

조선 중종 시대에 나타난 파평 윤씨 가문의 사례는, 경우에 따라서는 왕비 지위를 획득하는 것만으로도 임금 이상의 권력을 누릴수 있었음을 보여준다. 그런 측면에서 왕비 자리를 노리는 것은 상당히 경제적인 권력 추구 방식이었다. 이에 왕비족이 있는 왕조에서는 왕족보다는 왕비족에 대한 도전이 더 활발히 제기될 수밖에 없었다.

일본의 경우도 마찬가지였다. 초대 황후의 혈통이 왕비족을 계승하는 전통은 진무천황이 즉위한 이래 185년간 유지되었다. 초대황후의 혈통을 계승한 제5대 고쇼천황孝昭天皇의 즉위 직전까지 이전통이 이어졌던 것이다. 고쇼천황의 왕비가 된 사람은 오와리尾張씨족에 속하는 요소타라시世襲足였다.

초대 황후의 혈통으로 이어진 왕비족이 끊기게 되었으니, 제5대 천황의 등극 직전에 중요한 정치적인 변동이 있었을 가능성이 높다. 하지만 《일본서기日本書紀》에서는 고쇼천황 대에 벌어진 정치적인 사건들을 소개하지 않았다. 기록상으로 고쇼천황의 재위 기간은 기원전 475년부터 기원전 393년까지로, 82년이나 된다. 하지만 《일본서기》에서는 고쇼천황의 가족 사항만 소개할 뿐, 이 시대에 어떤 사건이 있었는지는 소개하지 않았다. 《고사기》 역시 마찬가지다. 이 시대의 역사가 사실상 전혀 알려지지 않았기 때문에, 어떤 연유로 최초의 왕비족이 끊어졌는지 확인할 길이 없다.

고쇼천황의 즉위와 함께 왕비 자리를 획득한 오와리 씨족의 권세는 초대 황후의 혈통을 능가하지 못했다. 그 뒤 간헐적으로 왕비족 지위를 차지했을 뿐 그 지위를 유지하지는 못했다. 초대 황후 혈통보다 정치적인 힘이 약했던 것이다. 이후로도 새로운 왕비족은 계속 출현했다가 사라지고는 했다. 족보상으로 천황의 혈통은 바뀌지 않은 데 반해, 왕비족의 혈통은 정치 상황에 따라 변동했다.

만약 왕비족의 교체가 없었다면, 정치 상황이 바뀔 때마다 천황 혈통이 끊길 수도 있었을 것이다. 하지만 왕비족의 교체만으로도 왕조 교체에 버금가는 효과를 연출할 수 있었다. 그 덕분에 천황 혈통이 오래 유지될 수 있었을 것이다. 물론 천황 혈통이 조작되지 않았다는 전제하에 그렇다는 것이다. 천황 혈통이 조작되었을 가능성이 있다는 점을 항상 염두에 두어야 한다.

천황가가
장수한 비결

논란이 있기는 하지만, 기록상으로만 보면 일본의 천황 혈통은 2천 년 넘게 유지되고 있다. 이 2천 년의 기간을 전부 다 인정하지 않는 다 해도 대단한 것은 사실이다. 천황가가 한국과 중국 같은 이웃나 라의 역사에 등장한 기간만 따져도, 1천 년 하고도 수백 년은 훨씬 넘는다. 그 수치만 놓고 보면 다른 민족들과 비교할 때 상당히 경이 로운 편이다.

여러 가지로 모호한 점이 많은 고조선을 제외하면, 한반도에서 가장 오래된 왕조는 신라다. 그러나 신라도 1천 년을 넘기지 못했 다. 신라는 991년간 존속했다. 한반도에는 천황가의 장수를 능가한 왕조가 없었다.

중국의 경우는 더하다. 기원전 202년 한나라가 건국된 이래로, 중국대륙에서 가장 오랫동안 유지된 왕조는 청나라다. 이 청나라가 중원을 차지한 기간은 295년이다. 한나라 이후 중국 땅에서 명멸했던 왕조는 모두 60개다. 이 왕조들의 평균 수명은 64.8년에 불과했다. 사람으로 치면 환갑을 조금 넘긴 시점에 대부분의 중국 왕조가 멸망했던 것이다. 진시황이 대륙을 통일하기 전에 중국을 지배한 주나라는 형식상으로는 825년간 유지되었다. 하지만 주나라 시대는 서주西周 시대와 동주東周 시대로 구분되며, 동주 시대는 다시 춘추 시대와 전국 시대로 세분된다. 이렇게 두 번씩이나 쪼개지는 것은, 그 825년이라는 기간 동안 하나의 왕조가 계속해서 실질적인 지배력을 행사했다고 보기 힘들기 때문이다. 또한 이 825년간을 하나의 왕조로 인정한다 해도, 일본 천황가의 존속 기간보다는 훨씬 짧다.

천황가가 1천 년을 훨씬 넘게 장수할 수 있었던 가장 큰 요인은 혁명이 불가능했던 점에서 찾아야 할 것 같다. 오랜 세월 동안 일본에서는 나라를 근원에서부터 전복하는 혁명이 일어나지 않았다.

일본은 섬나라다. 섬나라는 대양을 떠다니는 선박에 비유할 수 있다. 선박에 있는 사람들의 입장에서는, 확실한 우세를 확보한 경우가 아니라면 선내에서 극단적인 투쟁을 일으키기 힘들다. 투쟁에서 패배하면 어떤 결과를 맞이할지 너무나도 명확하기 때문이다. 패자에게 도망칠 기회라도 있어야 재기를 노려볼 수 있는데, 선박 안에서는 그것을 기대할 수 없다. 이와 마찬가지로 섬나라 사람들도 웬만한 경우가 아니면 극단적인 정치투쟁을 감행하기 힘들다. 패배할 경우에 달아날 곳도 마땅치 않다. 오늘날의 영국을 만든 대표적인 혁명이 온순한 명예혁명이고, 지금의 프랑스를 만든 대표적인 혁명이 급진적인 프랑스대혁명이라는 점도 음미해볼 만한 대목이다. 이러한 요인으로 체제 전복을 시도하는 혁명이 억제되었기 때문에 천황가는 장수할 수 있었다.

또 다른 요인도 있다. 바로 권위와 권력의 양분이다. 1185년경 이후로 일본 정치의 실권을 장악한 쪽은 천황의 조정이 아니라 쇼군의 막부였다. 천황은 정치적인 권위만 보유했으며 쇼군은 정치적인 권력만 장악했다. 이후 일본의 정치투쟁은 쇼군 자리를 빼앗는 데 집중되었다. 천황 자리를 노리는 것보다는 쇼군 자리를 노리는 것이 훨씬 경제적이었다. 천황을 겨냥하려면 천황의 승인을 받은 쇼군도 함께 건드려야 했다. 하지만 쇼군만 겨냥하면, 쇼군을 무너뜨린 뒤 천황의 추인을 받으면 그만이었다. 또 천황의 조정을 전복하려면 일본이라는 나라의 정통성을 새롭게 만들어야 하는 등의 복잡한 일이 많았다. 종교 세력의 지지를 얻어내야 했으며, 신화도 만들어야 했다. 반면에 쇼군을 무너뜨리는 일에는 주로 군사적인 노력만 수반되었다. 혁명보다 쿠데타를 일으키는 것이 훨씬 쉽듯이 천황보다는 쇼군을 겨냥하는 것이 더 쉬웠던 것이다.

고려의 정중부鄭仲夫, 조선의 이방원李芳遠 같은 도전자들도 마찬가지였다. 이들은 형식상의 최고 통치자는 건드리지 않고 실권자만 제압하는 쿠데타를 통해 통치자의 추인을 받아내는 방법으로 정권을 획득했다. 만약 이들이 정치체제의 변혁을 꾀하는 혁명을 계획했다면, 단순히 군사력을 갖추는 것만으로는 뜻을 성취할 수 없었을 것이다. 이들이 최고 권력만 건드리는 방법으로 정권을 획득했듯이, 12세기 이후의 일본 정치 세력도 우회적인 방법으로 정권을 차지하는 데 관심을 기울였다.

　쇼군을 겨냥하는 것은 상대적으로 쉬울 뿐 아니라 경제적이기까지 했다. 쇼군의 권력을 빼앗으면 천황을 능가하는 최고의 권력을 행사할 수 있었다. 비록 천황의 권위에는 접근할 수 없을지라도, 천황을 제치고 정치적인 실권을 보유할 수 있었다. 이와 같은 요인 때문에 12세기 이후의 정치적인 도전은 주로 쇼군을 겨냥해서 발생했다. 따라서 천황은 상대적으로 안정을 누릴 수 있었다.

　천황가의 지위를 안정시킨 데는 위에서 살펴본 왕비족의 교체도 중요한 역할을 했다. 왕비족의 교체는 경우에 따라 천황가의 교체에 버금가는 효과를 가져왔다. 왕비를 배출해 이를 바탕으로 천황가를 장악하는 방법이 있었기 때문이다.

　쇼군이나 왕비족은 그렇게 생각하지 않았겠지만, 천황가의 입장에서는 쇼군과 왕비족이 자신들의 방패막이로 비칠 수 있었다. 급격한 정치변동의 와중에 쇼군이나 왕비족을 교체함으로써 천황가가 지위를 보전하는 길이 생길 수도 있었기 때문이다. 이런 요인들이 없었다면 천황가는 진작 사라졌을지 모른다. 이렇게 일본의 천황은 적절한 순간에 쇼군을 바꾸거나 왕비족을 교체하는 방법으로 자신의 연속성을 유지했다.

신라는 991년간 존속했다. 천황가의 혈통보다는 오래가지 못했지만, 신라가 그토록 긴 시간 동안 유지되었던 것도 대단한 일이다. 신라가 그렇게 오래 지속된 데는 석탈해나 김알지 같은 도전 세력을 왕실에 포섭한 것도 도움이 되었지만, 필요에 따라 왕비족의 혈통에 변화를 준 것도 한몫을 했다. 이에 관해서는 다음 장에서 좀더 자세히 살펴볼 것이다.

제7장

왕비족의

변화

신라의 국운을 세운,
조문국 침공

신라는 오랫동안 연맹체나 마찬가지였다. 신라가 이런 상태에서 탈피한 것은 6세기에 이르러서였다. 법흥왕과 진흥왕이 연이어 통치한 이 시기에 신라는 소국 연맹체에서 벗어나 중앙집권국가의 면모를 갖추게 되었다. 법흥왕이 전국적으로 율령을 반포하고 군사권을 중앙정부에 집중시킨 것은 신라가 중앙집권국가의 단계에 접어들었음을 상징하는 조치였다. 바꾸어 말하면 기원전 57년에 건국된 이래, 신라는 약 600년 동안 주변의 소국들과 경쟁하면서 그들을 흡수했다.

신라와 주변 소국과의 대외 관계에서 발생한 중요한 사건들 가운데 하나가 185년에 있었다. 바로 조문국召文國의 침공이다. 조문국을 '소문국'으로 표기하는 이들도 있다. 조문국의 '조召'가 '부르다'라는 뜻으로 쓰일 때는 '소'로 발음되기 때문이다. 《삼국사기》〈신라 본기〉에 따르면, 조문국을 침공한 왕은 벌휴왕이었다.

앞서 탈해왕이 죽은 뒤에 유리왕의 아들인 파사에게 왕권이 넘어갔다고 설명했다. 그 후 104년간은 박혁거세 지파가 왕권을 행사했다. 그러다가 석탈해 지파에게 왕권이 돌아갔는데, 이때의 왕이 바로 벌휴왕이다. 벌휴가 용상에 오른 해는 184년이다. 그 이듬해에 조문국 침공이 있었던 것이다. 《삼국사기》〈신라 본기〉 '벌휴이사금' 편에서는 "파진찬波珍湌 구도仇道와 일길찬一吉湌 구수혜仇須兮를 등용해 좌우의 군주軍主로 삼아 조문국을 쳤다"고 서술했다. 조문국 침공을 지휘한 구도는 김알지의 5대손이자 미추왕의 아버지다. 여기서는 '조문국을 쳤다'는 표현을 기억해두고 다음 이야기로 넘어가자.

신라가 조문국을 침공한 이 시기는 중국대륙의 패권국인 후한의 위상이 약화하던 때였다. 후한은 220년에 멸망했다. 그다음으로 펼쳐진 시대가 조조曹操·유비劉備·손권孫權으로 대표되는 위魏·촉蜀·오吳의 삼국 시대다. 184년이라는 시점은 후한의 국력이 갈수록 약해지던 때였다. 이런 분위기를 틈타 만주에서는 고구려와 선비족의 대결이 한층 활발해졌다. 만주 지역의 패권을 놓고 고구려와 선비족이 치열한 경쟁을 벌였던 것이다. 이로 인해 한반도에 대한 고구려의 군사적 대응이 상대적으로 소홀해진 시점에 신라가 조문국을 침공했다.

신라의 수도 서라벌, 즉 경주는 지금의 경상북도 동남부 오른쪽 모퉁이에 있었다. 한편 조문국은 서라벌에서 멀찍이 떨어진 지금의 경북 의성 땅에 있었다. 신라가 먼 나라 조문국을 침공했으니, 신라 입장에서는 역사적인 사건이었다.

신라는 한반도 동남부에서 출발한 나라다. 따라서 신라의 대외적인 목표는 서쪽과 북쪽으로 팽창하는 것일 수밖에 없었다. 그런데 신라가 그러한 목표를 달성하려면 먼저 낙동강을 넘은 뒤 소백산맥을 넘어야 했다.

이를 위해 신라는 조문국을 반드시 끌어들어야 했다. 낙동강을 넘고 소백산맥을 넘기 위한 길목에 조문국이 있었기 때문이다. 강원도에서 출발해 경남에서 바다로 흘러드는 낙동강 유역은 사각형 모양이다. 이 사각형의 왼쪽 모서리 안쪽에 조문국이 있었다. 그렇기 때문에 조문국을 끌어들이면 낙동강을 건너 충청·강원권으로 진출하기 쉬웠다. 또 낙동강을 건너면 소백산맥을 만난다. 소백산맥은 강원도 태백시에서 전남 여수반도까지 이어져 있다. 이 산맥을 넘지 못하면 백제나 고구려와 대등한 힘을 가질 수 없었다. 따라서 소백산맥을 넘는 것은 신라의 국운을 좌우하는 일이었다. 조문국을 넘어 낙동강을 건너면 소백산맥을 넘을 수 있었다. 그래서 조문국 침공은 2세기 무렵의 신라에게는 굉장히 중요한 사건이었다.

조문국을 침공한 이래로 신라는 소백산맥을 넘어 북쪽으로 팽창했고 임진강 유역에까지 군대를 보내 고구려를 당황하게 만들기도 했다. 또 가야연맹과의 관계에서도 신라의 위상이 높아졌다. 이렇듯 조문국 침공은 신라의 국운을 개척하는 데 크게 기여했다.

신라에 시집온
조문국 공주

《삼국사기》에서는 신라가 조문국을 침공한 일을 "조문국을 쳤다"
는 문장으로 표현했다. 이 문장의 원문은 "벌조문국伐召文國"이다. '치
다'라는 뜻의 한자 '벌伐'이 사용되었다. 그런데 〈신라 본기〉 '벌휴
이사금' 편에는 조문국을 쳤다는 기록만 있을 뿐, 그 결과 조문국을
굴복시켰다거나 신라 영토에 편입시켰다는 기록이 없다.

신라가 조문국 영토를 편입했을 가능성은 낮다. 앞서 설명했듯
이 조문국은 서라벌에서 멀리 떨어져 있었다. 신라가 경북 지역에
서 중앙집권을 확립한 때는 5세기 무렵이므로, 2세기에는 조문국
영토를 차지할 만큼의 국력이 없었다. 따라서 유력한 가설은 조문

국이 신라에 굴복해 사대를 하게 되었다는 정도일 것이다.

그러한 판단에 힘을 실어주는 내용이 필사본《화랑세기》에 담겨 있다. 필사본《화랑세기》제6대 풍월주 '세종' 편에 따르면, 조문국에서 보낸 공주가 신라 왕족과 혼인했다. 신라 왕실과 조문국 왕실 간에 일종의 정략결혼이 이루어졌던 것이다.

신라는 왕실 내부에서 폐쇄적으로 혼인이 이루어지는 나라였다. 신라 왕실은 폐쇄적인 혼인을 통해 권력을 보존했다. 외부인을 끌어들이는 것은 권력을 나누는 행위였다. 석탈해와 김알지의 경우는 이 원칙에 위반되지 않았다. 석탈해는 처가인 왕실에 들어온 데 릴사위였기 때문에 왕실 식구로 인정받는 데 무리가 없었다. 반면 《삼국유사》에 등장하는 선화공주善花公主와 결혼한 백제 무왕武王이 신라 왕실의 일원으로 인정받지 못한 것은 그가 데릴사위가 아니었기 때문이다. 한편 김알지는 왕실에 입양되어 왕자의 자격을 얻었기 때문에 왕실 여성과 혼인하는 데 아무 문제가 없었다.

왕실 구성원이 왕실 밖의 사람과 혼인하면 왕실의 테두리를 벗어나야 했다. 왕실 구성원의 특권도 내려놓아야 했다. 페르시아 왕자에게 시집간 신라 공주 이야기를 다룬 글이 있다. 바로 페르시아의 서사시 〈쿠쉬나메Kush Nama〉다. 이 시에서 신라 공주는 페르시아 왕자 아비틴Abtin과 혼인해 신라를 떠나 페르시아로 갔다. 선화공주 역시 서동, 즉 백제 무왕과 새 삶을 꾸리기 위해 신라를 떠나 백제로 갔다. 왕실 구성원에게 있어 외부인과의 결혼은 그만큼 손실을 자초하는 일이었다.

이처럼 외부인과의 결혼에 배타적인 신라 왕실에 조문국 공주가 시집을 왔다. 신라 왕실의 폐쇄성에 비추어보았을 때 이것은 이례적인 일이었다. 신라 왕족이 사적으로 조문국 공주를 가까이할 수는 있었다. 하지만 결혼 문제에서는 사정이 달랐다. 왕족의 지위를 유지하려면, 왕실 내부에서 배우자를 찾아야 했다. 외부인이 결혼을 통해 왕실에 들어오는 것은 법적으로 불가능한 일이었다. 그런 신라 왕실에 조문국 공주가 진입했던 것이다.

만약 신라가 '조문국을 친' 결과로 조문국이 몰락했다면, 신라 왕실이 조문국 공주를 왕실의 일원으로 받아들이지 않았을 것이다. 외부인을 왕실 일원으로 받아들이면 외부 세력과 권력을 분산해야 한다. 조문국이 신라에 패했다면, 신라 왕실이 조문국을 그렇게까지 대우할 필요가 있었을까? 석탈해나 김알지 같은 외부인을 왕실의 일원으로 받아들였던 것은 그들이 그만한 힘을 가지고 있었기 때문이다. 따라서 신라 왕실이 조문국 공주를 받아들였다면, 공주의 친정이 상당한 힘을 가지고 있었다고 보아야 한다.

이런 점을 감안하면, 신라가 '조문국을 친' 결과로 조문국이 멸망한 것이 아니라 조문국이 신라에 대한 사대를 결정했다고 해석하는 편이 합리적이다. 조문국이 형식상으로는 신라에 항복하되 기존의 백성과 영토에 대한 지배권은 인정받는 선에서 관계를 정립했다고 보는 것이 이치에 맞다.

친정의 지원을 받으며 신라에 시집온 조문국 공주의 배우자는 앞에서 이미 언급했던 인물이다. 신라가 조문국을 칠 때 두 명의 고관이 신라군을 지휘했는데, 그중 한 명이 구도였다. 김알지의 5대손이자 미추왕의 아버지인 구도가 공주의 배우자가 되었다.

조문국 공주와 구도의 결혼은 신라 왕비족의 역사에 변화를 가져왔다. 진골정통이라는 계열이 왕비족 지위를 독점적으로 차지하게 되었던 것이다.

진골정통의
생성

조문국 공주가 구도와 결혼해서 낳은 딸이 있다. 바로 옥모玉帽다. 옥모는 조문국 침공을 명령한 벌휴왕의 아들인 골정과 혼인했다. 옥모와 골정 사이에서 태어난 두 아들은 모두 왕이 되었다. 제11대 조분왕과 제12대 첨해왕이 바로 옥모의 두 아들이다. 또한 제14대 유례왕은 옥모의 손자, 제15대 기림왕은 증손자다.

구도는 김알지 지파인 미추왕의 아버지다. 한편 구도는 옥모의 아버지이기도 하다. 그래서 미추왕과 옥모를 친남매라고 오해할 수도 있지만, 그렇지는 않다. 미추왕을 낳은 여성은 박씨였다. 구도가 조문국 공주 외에 박씨 여성도 아내로 맞이했던 것이다. 즉 옥모와 미추왕은 이복남매였다. 나중에 미추왕은 옥모의 증손녀와 결혼했다. 그러니까 미추왕은 옥모와 이복남매 관계였지만, 나중에는 옥모의 증손 사위가 되었다.

옥모의 몸에서는 여러 명의 왕과 왕비가 배출되었다. 미추왕의 부인인 광명光明은 옥모의 증손녀다. 그래서 옥모는 존귀한 존재가 되었다. 이는 옥모를 낳은 조문국 공주 또한 존귀하게 되었다는 뜻이다. 조문국 공주의 몸에서 왕족과 왕비족이 생산되었다는 것은 신라 왕실이 조문국 왕실을 우대했기 때문이라고 볼 수 있다. 신라는 조문국을 끌어들임으로써 국제적인 위상을 높일 수 있었다. 신라의 신하국이 된 조문국이 신라의 대외 팽창에 협력했을 것이기 때문이다. 신라와 조문국의 관계가 그와 같았기 때문에 조문국 공주와 옥모가 존귀한 대우를 받을 수 있었으리라고 본다.

이렇듯 신라 왕실에서 조문국이 중요한 역할을 하고, 옥모의 혈통도 존귀한 대우를 받던 상황에서 왕이 된 인물이 바로 미추다. 그는 왕이 되기 전에 이미 조분왕의 딸인 광명과 결혼한 상태였다. 왕위에 오른 그는 광명을 왕후로 책봉했다. 이때 미추는 왕비족 역사에 남을 만한 중대한 결단을 내렸다. 이 결단의 내용이 필사본《화랑세기》에 소개되어 있다. '세종' 편에 따르면, 미추왕은 "옥모의 계통이 아니면 왕후로 삼지 말라"고 명령했다. 앞으로는 옥모의 혈통에서만 왕비를 간택하도록 명했던 것이다. 이로써 알영의 혈통에서 왕비를 고르던 전통은 종결되었다. 필사본《화랑세기》에 따르면,

미추왕은 자신의 유언이 후세에도 구속력을 가질 수 있도록 했다. 필사본《화랑세기》는 이렇게 생겨난 왕비족이 바로 진골정통이라고 전한다.

신라 왕실이 옥모를 새로운 왕비족의 시조로 인정했다고는 하지만, 이 여성이 기존 왕비족과 별개였던 것은 아니다. 옥모는 알영과 박혁거세를 계승한 혈통이 조문국 공주를 계승한 혈통과 만나 태어난 인물이다. 기존의 알영 혈통과 완전히 무관한 여성은 아니었던 셈이다. 하지만 미추왕의 유언을 계기로, 알영 혈통 가운데 옥모의 직계비속이 아닌 여성은 왕비가 될 기회를 상실하고 말았다. 알영과 옥모 양쪽의 혈통을 모두 이어받은 여성만이 왕비족으로 인정받을 수 있게 된 것이다. 제6장에서 살펴본 고대 일본의 경우와 비슷하게 왕비족에 변화가 일어난 셈이었다.

어느 시기에 생겨난 관례인지는 알 수 없지만, 신라에서 왕비족의 정통성을 계승한 여성은 서라벌의 궁궐 중 하나를 차지했다. 이러한 여성을 궁주宮主라고 불렀다. 드라마 〈선덕여왕〉의 미실도 궁주의 지위를 가지고 있었다. 필사본《화랑세기》제2대 풍월주 '미진부未珍夫' 편에 따르면, 미실의 어머니인 묘도妙道는 궁주 지위를 획득함으로써 왕비족의 정통성을 잇게 되었다. 미실은 그 지위를 계승했다. 묘도와 미실은 옥모의 혈통을 이은 진골정통은 아니었다. 뒷부분에서 소개할 또 다른 왕비족인 대원신통의 일원이었다. 이렇게 왕비족의 정통성을 이은 여성은 서라벌의 궁궐 하나를 차지함으로써 자신의 신성성을 유지할 수 있었다.

　서기 1세기에 석탈해와 김알지라는 강력한 외래 집단이 도래해 신라 왕실이 위기에 처했을 때, 신라 왕실은 이들을 왕족의 일원으로 받아들임으로써 왕조 해체의 위기를 모면했다. 한편 신라는 2세기에 동아시아 패권국인 후한이 약화함에 따라 고구려가 만주 공략에 좀더 많은 역량을 쏟던 기회를 이용해 조문국을 끌어들였다. 이를 통해 왕조의 관할 범위를 팽창할 수 있는 가능성을 얻었다. 하지만 신라의 팽창에는 반드시 조문국의 협조가 필요했다. 신라 왕실은 조문국 공주를 왕실의 일원으로 인정했고, 그 혈통에서 낳은 딸을 왕비족의 새로운 시조로 인정했다. 신라를 보다 더 강한 나라로 만들기 위해 왕비족의 범위를 조절했던 것이다. 그렇게 등장한 세력이 바로 진골정통이었다. 진골정통의 출현은 2세기 후반 국제 정치 상황의 변화와 그에 대한 신라의 대응을 반영한 결과였다.

박제상의
충성심

'신라 충신' 하면 박제상이 가장 먼저 떠오른다. 그는 신라 제19대 눌지왕訥祇王에 대한 충심으로 바다 건너 왜국에 갔다가 화형을 당해 죽은 인물이다. 《삼국유사》에 따르면, 박제상은 갈대가 뿌리째 뽑히지 않고 한 뼘씩만 남은 탓에 더욱 더 뾰족한 갈대밭 위를 발바닥 가죽이 벗겨진 상태에서 내달렸다. 왜국 천황이 그리하도록 시켰기 때문이다. 천황이 원하는 한마디만 대답하면 그 고통을 피할 수도 있었다. 박제상의 충성심에 감동한 천황은 "나의 신하가 되면 살려주겠다"며 호의를 베풀었다. 하지만 박제상은 "차라리 신라의 개·돼지가 될지언정 왜국의 신하가 될 수는 없다"고 말했다. 결국 그는 화형에 처해졌다. 용감하게 바다를 건넌 그의 충성스러운 육체는 그렇게 불 속으로 사라지고 말았다. 박씨라는 점을 감안하면, 그 역시 박혁거세의 피를 물려받은 인물이다. 눌지왕에 대한 충성도 충성이지만, 그는 신라 왕실에 대한 의리를 지켰다.

박제상이 고난을 당한 것은 눌지왕의 동생인 미사흔未斯欣을 구하기 위해서였다. 눌지와 미사흔은 제17대 내물왕의 아들이다. 내물왕이 죽은 뒤에 왕권은 내물왕의 동생인 제18대 실성왕實聖王에게 넘어갔다. 실성왕은 내물왕의 자식들을 견제할 목적으로 이들을 외국에 인질로 보냈다. 당시 신라는 고구려와 왜국의 눈치를 보았다. 그래서 두 나라와의 관계를 위해 인질을 보내야 했던 것이다. 인질이 된 두 사람은 고구려로 간 복호卜好와 왜국으로 간 미사흔이었다. 복호와 미사흔 위로는 장남인 눌지가 있었다. 실성왕은 눌지를 처리하기 위해 자객을 동원했지만 실패했다. 결국 실성왕은 눌지에 의해 죽임을 당했고, 왕이 된 눌지는 동생들을 구할 목적으로 박제상을 고구려와 왜국에 파견했다. 박제상은 고구려에서 복호를 구한 뒤 왜국에서 미사흔을 구하려다가 참혹하게 삶을 마쳤다.

박제상은 왜국에서는 미사흔만 살리고 본인은 불귀의 객이 되었다. 하지만 고구려에서는 복호를 살리고 자기 자신도 살았다. 박제상이 방문했을 당시 고구려 군주는 장수태왕長壽太王이었다. 태왕은 복호를 돌려달라는 박제상의 요구를 선뜻 수용했고, 이에 박제상은 복호와 함께 무사히 귀국할 수 있었다.

그런데 이상한 점이 있다. 고구려는 신라 왕실이 딴생각을 하지 못하도록 복호를 고구려에 묶어두었다. 인질을 잡아두는 것은 강대국이 약소국을 통제하는 기본 방식 중 하나다. 그런데 장수태왕은 복호를 쉽게 내주었다. 그가 박제상에게 호감을 느꼈기 때문이기도 했지만, 그것만으로는 설명이 충분하지 않다. 북위北魏라는 강대국이 맹위를 떨치자 중국대륙에서 한반도로 창칼을 돌렸던 이가 장수태왕이다. 그렇게 한반도 정책을 중시한 그가 별다른 담보도 없이 신라 인질을 풀어주었다고는 생각하기 어렵다. 따라서 그가 어떤 형태로든 담보물을 만들어두었을 가능성이 높다.

역사 기록에는 복호를 대체할 담보물에 관한 언급이 없다. 하지만 기록의 행간에 주목하면, 장수태왕이 안전장치를 마련해둔 상태에서 복호를 풀어주었다는 판단에 도달한다. 이 판단을 뒷받침하는 것은 필사본《화랑세기》에 등장하는 의문의 여성 보미寶美다.

고구려의 위협과
대원신통의 출현

보미의 신상과 관련해서는 정보가 거의 없다. 필사본《화랑세기》를 보면 그가 복호의 첩이었다는 사실과 이 여성이 대원신통이라는 새로운 왕비족의 시조가 되었다는 사실 정도만 알 수 있다. 대원신통이라는 왕비족의 시조가 될 정도였다면, 보미는 진골정통의 시조인 옥모만큼이나 중요한 인물이었을 것이다. 그러나 옥모에 관해서는 비교적 많은 기록이 남아 있는 데 반해 보미에 관해서는 그렇지 않다.

하지만 몇 가지 기본 사항을 고려하면, 보미가 어떤 인물인지 개략적으로 추론할 수 있다. 만약 보미가 원래부터 신라 왕실의 일원이었다면, 이 여성이 새로운 왕비족의 시조가 되었을 가능성은 거의 없다. 일부다처제와 일처다부제가 인정되었던 신라 왕실에서 보미는 정식 부인이 아니라 첩으로 살다가 죽었다. 원래부터 왕실의 일원인 존귀한 신분이었다면 이런 대우를 받지 않았을 것이다. 따라서 보미는 왕실 외부인이었다고 볼 수밖에 없다. 외부인으로 들어왔기 때문에 새로운 왕비족의 시초가 될 수 있었던 것이다.

외부인이 왕실에 들어와 하나의 신기원을 이루려면 본인의 입지가 굳건하거나 아니면 배경이 든든해야 했다. 그런데 보미의 지위는 탄탄하지 않았다. 그는 왕의 첩도 아니고, 왕 동생의 첩이었다. 그렇다면, 보미의 경우 본인보다는 배경이 든든했다고 보아야 한다. 신라 왕실이 무시할 수 없는 세력의 비호를 받은 여성이었기에 그가 신라 왕실에서 새로운 왕비족의 기원이 될 수 있었던 것이다.

앞서 조문국 공주가 시집올 당시의 동아시아 정세를 설명했다. 당시는 2세기 후반이었다. 중국에서 패권국인 후한이 약해지던 시기로, 위·촉·오의 삼국 시대가 열리기 직전이었다. 삼국 시대가 경과한 뒤 3세기 후반에 서진西晉이 중국대륙을 통일했다. 하지만 이 상태는 오래가지 못했고 중국은 다시 위기에 빠졌다. 다섯 유목민족인 5호胡가 쳐들어온 것을 계기로 북중국에 16개의 왕조가 세워졌고, 기존 중국 왕조는 남중국으로 밀려 내려갔다. 4세기 초반에 시작된 이 시기를 5호 16국 시대라고 한다.

중국대륙이 5호 16국 시대의 혼란에 처했을 때 가장 큰 이익을 얻은 한민족 왕조는 고구려였다. 고구려는 이 틈을 타 만주에서 군사 활동을 늘리고 영향력을 확대했다. 그런데 시간이 흐르면서 북중국 왕조에 의해 혼란 국면이 수습되기 시작했다. 아울러 북중국과 남중국에서 원칙상 각각 하나의 왕조가 정통성을 겨루었다. 누가 중국대륙의 정통성 있는 지배자인가를 놓고 북중국 왕조와 남중국 왕조가 대결하는 국면이 조성되었던 것이다. 이 시기를 남북조南北朝 시대라 부른다. 이렇게 시작된 남북조 시대에 북중국을 지배한 왕조 가운데 북위가 있었다. 이 북위가 북중국을 통일하고 동아시아 최강자로 군림하면서, 고구려의 국운에 적신호가 켜지기 시작했다. 서쪽으로 전진하던 고구려의 행보에 제동이 걸렸던 것이다. 이로 인해 고구려는 중국대륙 진출을 꺼리기 시작했다. 이때부터 고구려는 한반도로 눈길을 돌렸다.

광개토태왕 때까지는 중국과의 대결을 최우선 과제로 삼았지만, 장수태왕 때부터는 한반도 공략에 주력하기 시작했다. 장수태왕이 만주에서 평양으로 도읍으로 옮긴 것도 이러한 전략 전환의 일환이었다. 백제가 한성을 빼앗기고 웅진으로 남하한 것 역시 이런 전략의 결과물이었다. 그래서 이 시기에 신라는 고구려의 눈치를 살필 수밖에 없었다. 백제처럼 되지 않으려면 고구려의 비위를 건드리지 말아야 했다. 복호가 고구려에 인질로 간 것도 기본적으로 그런 이유 때문이었다. 복호의 삼촌인 실성왕의 정치적인 견제도 작용했지만, 무엇보다도 고구려의 침공을 막아야 한다는 절박함이 신라 인질의 고구려행을 추동한 요인이었다.

　5세기의 신라가 고구려의 남진을 두려워해야 할 처지에 있었다는 점을 감안하면, 복호의 첩이 어떤 인물이었는지 추론하는 것이 어렵지 않다. 보미는 복호가 박제상과 함께 고구려를 빠져나올 때 함께 데려온 여성이었을 가능성이 크다. 보미는 신라 왕실이 딴마음을 품지 않도록 하는 동시에 이 왕실을 감시할 목적으로 장수태왕이 파견한 여성이었을 것이다. 보미를 옆에 붙여두었기 때문에 장수태왕이 쉽사리 복호를 내주었다고 볼 수 있다.

　보미가 복호의 정실부인으로 인정받지 못했다는 것은 이 여성이 고구려에서 높은 신분이 아니었음을 시사한다. 만약 왕족이나 고위 귀족의 딸이었다면 신라 왕실에서 보미를 첩으로 대우하지는 않았을 것이다. 고구려가 보낸 여성이라 부담스럽기는 했지만, 첩으로 대우해도 무방할 정도의 신분이었을 가능성이 높다.

　보미가 첩으로 인생을 마친 것을 보면, 신라 왕실에서는 이 여성의 후손을 왕비족으로 인정할 생각이 없었던 것이 확실하다. 그럼에도 보미의 후손은 새로운 왕비족을 형성했다. 고구려의 침략을 경계해야 했던 신라 왕실의 상황이 보미의 후손을 왕비족으로 만든 요인이었다. 기존 신라 왕실의 혈통과 보미의 혈통이 섞이면서 대원신통이 생겨났던 것이다. 이들의 수장 역시 서라벌에서 궁궐 하나를 차지하면서 대원신통 왕비족을 이끌었다. 훗날 대원신통 출신의 궁주가 된 여성 중 하나가 바로 미실이다. 그러니까 미실의 몸에는 모계에서 온 고구려 혈통이 흐르고 있었다고 볼 수 있다.

필사본 《화랑세기》는 옥모가 언제부터 진골정통의 시조가 되었는지를 밝히면서도 보미의 경우는 밝히지 않았다. 지금으로서는 보미가 사후에 대원신통의 시조로 추존되었을 것으로 추정할 수밖에 없다. 그가 생전에 새로운 왕비족의 시조로 인정되었다면, 첩이라는 지위를 유지한 상태에서 세상을 떠났을 리 없기 때문이다.

대원신통이 자리를 잡았다고 해서 진골정통이 힘을 잃은 것은 아니었다. 진골정통은 대원신통의 출현을 막지 못했으나, 대원신통 역시 진골정통의 기득권을 무너뜨리지 못했다. 그래서 두 왕비족은 상호 경쟁하는 가운데 공존을 모색할 수밖에 없었다. 왕비족의 피를 타고난 여성은 왕족과 혼인함으로써 왕비가 될 가능성을 만들 수 있었고, 반대로 왕족의 피를 타고난 남성은 두 왕비족 가운데 한쪽과 혼인함으로써 왕이 될 가능성을 만들 수 있었다.

정리하면, 중국대륙의 정세 변화로 고구려가 한반도를 압박하는 위기 상황에서 신라에 대원신통이 출현했다. 고구려 출신 보미의 후손이 왕비 자리를 차지하는 사례가 많아짐에 따라 대원신통이라는 새로운 왕비족이 등장했던 것이다. 진골정통의 경우와 마찬가지로 격변하는 국제정세가 대원신통을 출현시킨 배경이었다. 진골정통이 신라가 대외 팽창을 시도할 수 있는 기회의 상황이 낳은 산물이었다면, 대원신통은 신라가 외부 침략을 걱정해야 하는 위기의 상황이 낳은 산물이었다.

제8장

김춘추와

성골·진골

문제

백제 의자왕의 도발과
신라의 고비

중국에서는 5세기 전반에 남북조 시대가 열렸다. 남북 두 왕조의
분열은 589년 수나라에 의해 한차례 통일되었고, 618년 당나라에
의해 재통일되었다. 당나라는 한나라 이래로 중국에서 출현한 왕조
가운데 가장 강력한 국가였다. 한나라 이래 혼란과 통일을 반복하
던 중국대륙에 질서를 잡은 나라였다.

 당나라는 한나라 때의 영광을 재현하고자 했다. 한민족 영역 중
에서 위만衛滿의 지배 지역이 한나라에게 멸망한 뒤 한사군漢四郡으
로 편입된 사실에서 알 수 있듯이, 한나라는 이민족을 자국의 군郡
이나 현縣에 편입하고자 했다. 실제로는 해당 이민족의 자치권을 허

용할지라도, 우선은 그들을 중국의 군현에 끌어들이고자 했다. 현대 중국이 소수민족을 자치구나 자치주에 넣듯이, 한나라도 그들의 행정구역에 이민족을 포함시키고자 했던 것이다. 후한 시대·삼국 시대·5호 16국 시대·남북조 시대보다 훨씬 강력한 왕조를 창출한 당나라는 한나라의 영광을 구현하고자 했다. 티베트·돌궐·베트남·고구려·백제 등을 당나라 행정구역에 끌어들이려 한 것이다.

이 같은 당나라의 패권주의를 가장 강력하게 거부한 나라가 고구려였다. 고구려는 당나라의 패권주의를 거부하고 대결 자세를 취했다. 이로 인해 6세기 전반의 동아시아 질서는 거대한 풍랑의 소용돌이에 휘말리게 되었다.

이런 혼란을 틈타 신라를 위기에 빠뜨린 인물이 바로 백제 의자왕이다. '의자왕' 하면 왠지 방탕하고 모자란 인물이 떠오르지만, 실제로는 그렇지 않았다. 의자왕은 부모형제에 대한 도리를 아는 인물이었다. 그래서 당나라 역사서인 《당서唐書》(《구당서》)와 그 개정판인 《신당서》의 〈동이 열전〉에서는 그를 해동증자海東曾子, 즉 '동방의 증자'라고 평가했다. 증자는 공자孔子·맹자孟子·안자晏子·자사子思와 더불어 유교의 5대 성인으로 꼽히는 인물이다.

의자왕에게는 능력도 있었다. 그 시대에는 전쟁에 이겨 적국의 백성이나 영토를 빼앗는 것이 군주의 능력을 가늠하는 척도였다. 의자왕은 이 기준에도 잘 부합했다. 《삼국사기》〈백제 본기〉 '의자왕' 편에 따르면, 그는 집권 이듬해인 642년에 불과 한 달 사이에 신라 성 40여 개를 점령했다. 백제가 멸망하기 5년 전인 655년에도 그는 고구려·말갈과 연합해 고작 한 달 만에 신라 성 30여 개를 점령했다. 그가 19년간 빼앗은 신라의 성은 근 100개나 된다.

읍 단위에 세워지는 성 하나를 빼앗으면, 읍 주변의 지역들까지 덤으로 얻는다. 요즘 식으로 말하면 주변의 면面 지역까지 차지하는 것이다. 따라서 근 100개의 성을 빼앗았다는 것은 근 100개의 읍에 더해 300~400개의 주변 지역까지 차지했다는 뜻이다. 이처럼 멸망 직전에도 백제 의자왕은 신라를 상대로 파상 공세를 펼쳤다. 이것은 백제 군사력이 신라 군사력을 월등하게 압도했음을 뜻한다. 이 시기에 김유신이 신라 장군으로서는 유일하게 백제군을 상대로 승리를 거둔 적이 몇 차례 있었지만, 김유신의 전승은 대개 전투력보다는 심리전에 의한 것이었다.

동아시아 질서가 흔들리는 가운데 백제 의자왕이 신라를 지속적으로 압박하면서 거의 대부분의 전투에서 승리했으니, 신라는 왕조 창립 이래 최대의 위기를 겪지 않을 수 없었다. 그 옛날 석탈해나 김알지가 도래하던 때의 위기는 비할 바가 아니었다. 7세기 초반의 백제 의자왕처럼 신라인에게 심리적인 위협을 안겨준 인물도 찾아보기 힘들 것이다. 그런 상황에서 백제뿐 아니라 왜국과도 적대 관계에 있었으니, 신라의 처지는 말 그대로 사면초가였다.

신라의 위기,
김춘추의 위기

7세기에 신라가 맞이한 위기는 김춘추라는 왕족의 개인적인 위기
와도 맞물렸다. 김춘추는 여러 가지 면에서 비주류 왕족이었다. 그
는 진흥왕의 증손자이자 진지왕의 손자다. 진지왕은 재위 3년 만에
세상을 떠났다. 필사본 《화랑세기》에서는 그의 사망 원인이 쿠데
타에 의한 것이라고 전한다. 따라서 진지왕을 몰아내고 등장한 진
평왕 정권에서 김춘추의 존재감은 희미할 수밖에 없었다. 김춘추는
폐위된 왕의 손자라는 열등감에서 벗어날 수 없었다. 진지왕의 폐
위는 김춘추가 출생하기 전에 벌어진 일이었으니, 김춘추가 태어나
기 전부터 그의 삶에는 이미 불행이 드리워져 있었던 것이다.

진지왕의 자손들은 김춘추가 태어날 즈음에 열등감에서 벗어날 기회를 얻었다. 진평왕이 사촌인 김용수에게 왕권을 넘겨줄 생각을 품었던 것이다. 딸만 셋이었던 진평왕이 첫째 딸 천명과 김용수를 결혼시킨 뒤 사위에게 왕권을 넘겨주려 했다는 이야기는 앞서 이미 소개했다. 하지만 진평왕은 마음을 바꾸었고, 김용수는 천명과 함께 왕족 지위를 내놓고 궁을 떠났다. 필사본《화랑세기》는 천명 부부가 궁을 나갔다고 전한다. 왕실 구성원이 궁궐에 거주하면서 신성성을 유지하던 시절에 궁을 나갔다는 것은 이들의 신분이 추락했음을 뜻한다.

　　김용수는 김춘추의 의부였다. 김용수의 동생인 김용춘이 김춘추의 친부였다. 천명은 김용수와 결혼한 뒤에도 김용춘을 더 가까이 했다. 하지만 진평왕의 출궁 조치로 지위를 박탈당한 쪽은 김용춘이 아니라 김용수였다. 천명의 법적 남편이 김용수였기 때문이다. 따라서 김용수의 출궁은 김용춘에게 직접적인 피해를 주지 않았다. 만약 김용춘마저 불이익을 당했다면, 아들 김춘추의 정치활동에 더 큰 제약이 생겼을 것이다. 의부 김용수가 출궁당하지 않았다면, 김춘추는 훨씬 더 유리한 지점에서 인생을 시작할 수 있었다. 하지만 그것은 김춘추가 결정할 수 있는 사안이 아니었다. 김춘추는 폐위된 진지왕의 손자, 출궁당한 김용수의 마복자, 아버지와 형이 모두 불행에 빠진 김용춘의 친자로 인생을 시작했다.

　　김춘추가 정통 신라 출신이 아닌 김유신과 친해진 데도 그의 출신배경이 적지 않게 작용했을 가능성이 있다. 신분상의 문제가 전혀 없었다면 김춘추가 김유신 같은 가야 출신을 가까이할 필요가 없었을지도 모른다.

그 같은 혈통상에 한계가 있었음에도 김춘추는 탁월한 능력으로 주류 사회에서 기반을 잡아갔다. 그는 선덕여왕 시대에 김유신과 짝을 이루며 국정 운영의 축으로 떠오르는 데 성공했다. 김춘추를 만난 일본인들이《일본서기》에 남긴 것처럼, 그는 외모도 대단하고 언변도 탁월한 인물이었다. 이러한 요인도 그의 출세에 적지 않게 기여했을 것이다.

그런데 어렵사리 기반을 잡은 김춘추에게 불행이 떨어졌다. 그의 딸인 고타소古陁炤와 사위가 백제군의 침공으로 죽임을 당했던 것이다. 고타소 부부가 숨진 해는 642년으로, 의자왕이 즉위한 이듬해였다. 또한 의자왕이 한 달 사이에 신라 성 40여 개를 점령한 사건이 벌어진 바로 그다음 달이었다. 백제 장군 윤충이 신라 대야성을 함락했다. 이 대야성의 성주가 고타소의 남편인 품석品釋이었다. 윤충은 품석이 항복했음에도 품석과 고타소를 살해했다. 신라가 백제의 위협을 받고 있는 상황에서 백제 장군에 의해 딸과 사위를 잃었으니, 김춘추로서는 백제에 대한 증오심이 하늘로 솟구칠 수밖에 없었을 것이다.

이제 김춘추에게는 나라의 원수가 곧 자신의 원수였고, 자신의 원수가 곧 나라의 원수였다. 그가 내린 결론은 백제가 없어져야 자신도 살고 신라도 산다는 것이었다. 그는 백제를 없애기 위한 계획에 착수했다. 그런데 김춘추 개인의 힘은 물론이고 신라의 힘으로도 백제를 멸망시킬 수는 없었다. 백제의 군사적인 우위는 너무나도 명확했다. 그래서 신라가 단독으로 백제를 공격하기는 힘들었다. 이 때문에 김춘추는 나라 바깥으로 눈길을 돌렸다. 동맹의 상대를 찾아 나섰던 것이다.

김춘추는 자신감이 넘치는 사람이었다. 성사되지 않을 가능성이 매우 높았음에도 그는 고구려의 연개소문淵蓋蘇文을 찾아갔다. 또한 바다 건너 왜국에도 찾아갔다. 그들에게 함께 손잡고 백제를 멸망시키자고 제의했던 것이다. 신라보다는 백제와 더 가까웠던 고구려·왜국에 찾아가 백제를 멸망시키자고 했으니, 그 자신감도 대단했고 그만큼 원한도 컸다. 하지만 고구려와 왜국은 김춘추의 한을 풀어줄 마음이 없었다. 도리어 그들은 김춘추에게 위협을 가했다. 고구려 연개소문 정권은 김춘추를 감옥에 가두었다가 석방했고, 왜국 정부는 그를 한동안 인질로 잡아두었다가 풀어주었다.

두 번이나 실패했지만 김춘추는 포기하지 않았다. 포기하면 그도 죽고 신라도 죽는 것이었다. 그래서 그는 당나라로 시선을 돌렸다. 당나라와 동맹을 맺어 백제뿐 아니라 고구려까지 멸망시킬 생각을 품었던 것이다. 그는 648년에 당나라를 방문해 태종에게 동맹을 제의했다. 이렇게 성사된 나당동맹은 660년에 백제를 멸망시키는 데 이어 668년에 고구려까지 멸망시키는 성과를 얻었다. 이로써 김춘추는 자신의 한을 풀었고, 또 나라를 위기에서 구했다.

나당동맹이 백제·고구려를 멸망시키기 전으로 잠시 시간을 돌려보자. 654년에 선덕여왕을 이어 신라를 통치한 진덕여왕眞德女王이 세상을 떠났다. 당시 김춘추는 당나라의 지원을 바탕으로 신라 조정에서 한층 더 강한 영향력을 행사하고 있었다. 그 덕분에 김춘추는 진덕여왕에 이어 제29대 신라 임금의 자리에 올랐다. 어린 시절 가문의 비극과 혈통의 한계로 고민했던 그가 자신의 능력을 발판으로 권력의 정상에 앉았던 것이다.

만약 신라가 위기 상황에 처하지 않았다면 김춘추는 왕위에 오르기 힘들었을지 모른다. 신라가 언제 멸망할지 모르는 위기 상황이었기 때문에, 당나라를 끌어들이는 수완을 발휘한 김춘추의 리더십이 신라 왕실의 마음을 끌 수 있었다. 김춘추가 왕이 되었다는 것은 신라가 그만큼 절체절명의 위기에 직면해 있었음을 의미한다.

가까스로 왕이 된 김춘추는 정치나 외교 방면뿐 아니라 신라 왕실의 역사에도 의미 있는 족적을 남겼다. 바로 왕족과 왕비족을 양대 요소로 하는 왕실 결혼제도에 관한 것이었다.

만명과 김서현의
극적인 연애

김춘추 자신도 불완전한 왕족이었지만, 부인의 사정도 나을 것이 없었다. 필사본《화랑세기》에 따르면, 김춘추의 첫 번째 부인은 설보라薛寶羅였다. 그는 미실의 손녀로서 궁주의 지위를 지니고 있었다. 이것은 그가 대원신통 왕비족임을 의미한다. 앞서 언급한 고타소는 바로 설보라의 딸이다. 대원신통의 왕비족과 결혼했다는 점은 김춘추에게는 행운이었다. 하지만 설보라는 김춘추와 오래 함께하지 못했다. 둘째 아이를 낳은 뒤 산후병으로 요절했던 것이다. 앞서 언급한 '부인의 사정도 나을 것이 없었다'는 표현은 설보라가 아닌, 두 번째 정실부인인 김문희金文姬를 두고 하는 말이다.

김문희는 진골정통 왕비족인 만명萬明의 딸이다. 이 점만 놓고 보면 김문희와 결혼한 것 역시 김춘추에게 별 문제가 되지는 않았을 것처럼 보인다. 하지만 오늘날 우리에게는 아무것도 아니지만, 신라 왕실이 보기에는 큰 문제가 될 만한 일이 있었다. 그 문제는 김문희가 아니라 그의 어머니 만명에게 있었다.

《삼국사기》〈열전〉'김유신' 편에는 김유신의 부모가 어떻게 결혼하게 되었는지 적혀 있다. 만명과 김서현金舒玄은 중매로 맺어진 사이가 아니었다. 그들의 결혼은 길에서 이루어진 우연한 만남의 결과였다. '김유신' 편은 김서현이 길에서 만난 만명을 유혹했으며 "중매를 기다리지도 않고 함께했다"고 전한다.

그 당시는 같은 신분에 속한 여성과 남성이 중매자의 소개로 부부가 되는 것이 상식이었다. 이 시대에는 설령 자유연애로 사귀었더라도 결혼할 때만큼은 중매를 거쳐야 했다. 그렇지 않고는 사회 구성원으로 인정받을 수 없었다. 이는 한국뿐 아니라 중국도 마찬가지였다. 당나라 법률인 당률唐律의 주석서로서 법적 효력을 가졌을 뿐 아니라 역대 중국 형법의 모범이 된 《당률소의唐律疏議》에는 "시집가거나 장가갈 때는 중매인이 있어야 한다"고 명시되어 있다.

이렇게 중매가 구속력을 가지는 사회에서 연애결혼을 하는 이들은 정착 기반이 없는 사람들인 경우가 많았다. 그렇지 않으면 문제 있는 결혼을 강행한 사람들이었다. 김서현과 만명은 두 번째 경우였다. 만명의 아버지인 김숙흘종金肅訖宗이 둘의 관계를 눈치채고 만명을 별실에 가둔 까닭은 두 사람의 사랑이 이루어질 수 없는 것이었기 때문이다.

만명은 왕비족이었으나 김서현은 일반 귀족이었다. 만명을 만났을 당시 그의 관직은 만노군 태수太守였다. 태수는 신라의 17관등에서 6관등 이하였다. 김서현은 가야 왕족의 후예였지만, 신라에서는 일반 귀족에 불과했다. 일반 귀족은 왕비족과 혼인할 수 없었다. 석탈해의 장점이 김서현에게 있는 것도 아니었으니, 신라 왕실에서는 그를 사위로 맞이할 이유가 없었다. 그런데도 왕비족 여성이 그와 결혼한다면 지위를 빼앗기거나 사회적으로 매장될 수밖에 없었다. 그래서 만명의 가족들이 결혼을 반대하고 나섰던 것이다. 이로 인해 그들은 중매결혼을 할 수 없었다. 신분이 같아서 결혼에 문제가 없었다면, 처음에는 연애로 만났더라도 나중에 중매인을 세우는 형식을 취했을 것이다.

만명과 김서현은 서로 신분도 달랐고 집안의 반대도 컸다. 그렇지만 두 사람은 포기하지 않았다. 결국 만명은 집을 탈출해 김서현과 살림을 차렸다. 중매결혼이 필수인 시대에 연애결혼을 한 것도 문제가 있는 일이었는데, 설상가상 이들은 동거 생활을 했다. 이와 같은 관계에서 태어난 여성이 바로 김문희였다.

신라 왕실의
신기원이 된 김춘추

만명은 김서현과의 사랑을 이루기 위해, 자신을 왕비족으로 만들어 준 토대인 가족을 버렸다. 과거에 진평왕은 둘째 딸 덕만을 왕으로 만들고자 첫째 딸 천명 부부를 궁에서 내보냈다. 이 출궁과 함께 천명 부부는 기존의 지위를 상실했다. 반면 만명은 스스로 궁을 나갔다. 이로써 만명은 왕비족의 지위를 상실했다.

김문희는 어머니가 왕비족의 지위를 상실한 상태에서 출생했다. 이는 김문희 역시 왕비족이 아니었음을 뜻한다. 김춘추는 왕비족이 아닌 김문희와 결혼했고 용상에까지 올랐다. 왕비족이 아닌 여성이 왕후가 되는 순간이었다. 이는 신라 역사에서 매우 파격적인 사건이었다. 왕비족이 아닌 김문희의 뱃속에서 태어난 김법민金法敏은 훗날 문무왕이 되었으며, 780년에 제36대 혜공왕惠恭王이 사망할 때까지 김문희의 혈통에서 신라 왕이 배출되었다. 김문희와 김춘추의 결혼은 신라 역사에서 혁신적인 사건이자 근 700년을 이어온 전통을 깨는 일이었다. 이것이 가능했던 것은 신라가 위기에 직면했기 때문이었다. 왕비족이 아닌 여성과 결혼한 김춘추를 왕위에 앉히지 않고는 신라의 미래를 기약할 수 없었기에 신라 왕실은 이들 부부를 왕과 왕비로 각각 인정했던 것이다.

석탈해·김알지·조문국 공주·보미를 맞아들인 사실에서 나타나는 것처럼, 신라 왕실은 위기에 처할 때마다 외부인에게 왕실 내의 자리를 내어주는 방법으로 상황을 극복했다. 세부 사정이 조금 다르기는 했지만, 김춘추의 시대에도 위기를 맞이한 신라 왕실은 그를 왕으로 인정했다. 또한 왕비족이 아니었던 김문희까지 왕후로 인정했다.

그런데 신라 왕실은 김문희를 왕후로 받아들이면서도 그를 새로운 왕비족의 시조로 인정하지는 않았다. 조문국 공주와 보미가 각각 진골정통과 대원신통의 시조가 되었던 것처럼, 김문희를 새로운 왕비족의 시조로 인정할 수도 있었을 것이다. 만약 그렇게 했다면 700년간 이어진 전통이 김문희로 인해 깨지는 일도 없었을 것이다. 그런 식으로 전통을 지킬 수 있었는데도 신라 왕실은 그렇게 하지 않았다. 왕비족이 아닌 여성을 왕후로 인정하는 신기원을 허용했던 것이다.

 신라 왕실에 이처럼 예외적이고 획기적인 현상이 나타날 수 있었던 배경에는 신라와 당나라의 관계가 얽혀 있었다. 당나라 사람들의 눈에는 신라 풍속이 이해되지 않았다. 그래서 그들은 신라와 동맹을 맺은 뒤에 자신들의 문화를 신라에 이식하고자 했다. 이로 인해 신라는 진덕여왕 때부터 중국 연호를 채용하고 중국 관복을 입는 등 중국화 작업에 본격적으로 착수했다. 이 시기의 신라인들은 전통을 버리고 이른바 '세계화'에 몰두했다. 이와 같은 분위기 속에서 김문희와 김춘추의 독특한 결혼이 이루어졌다. 당시 신라 사회가 전통을 해체하는 상황이었기 때문에 그들의 결혼이 가능했던 것으로 보인다.

 많은 사람이 그들의 결혼을 환영했을 가능성이 필사본《화랑세기》에 나타난다. 여기에는 김춘추가 당나라에 갈 때 그를 수행했던 예원禮元이라는 화랑 풍월주가 등장한다. 예원은 당나라에서 신라 왕실의 결혼 풍속에 관한 이야기를 많이 들었다. 그래서인지 그는 귀국 이후 신라 왕실의 결혼 풍속에 대해 수치심을 느끼고 집안 내에서 혼인이 이루어지는 문화를 어떻게든 고쳐보려고 애를 썼다고 한다. 사회 지도층인 그가 근친혼 풍습을 고치려고 노력했다는 것은 당시 신라 상류층 사이에 기존의 결혼 문화에 대한 회의적인 시각이 존재했음을 보여준다. 그러한 분위기가 존재했기 때문에 김춘추와 김문희의 결혼이 합법화되었고, 나아가 김문희가 왕후에까지

오를 수 있었다. 동일한 맥락에서 김문희를 계기로 왕비족 전통이 끊어지는 것도 묵인할 수 있었을 것이다.

신라 역사를 전체적으로 조망할 수 있었던 신라 말기 사람들은 김춘추를 독특한 왕으로 분류했다. 그를 왕통의 새로운 시작을 연 장본인으로 평가했던 것이다. 《삼국사기》〈신라 본기〉'진덕여왕' 편에 따르면, 신라인들은 진덕여왕까지를 성골 임금으로, 김춘추부터를 진골 임금으로 분류했다. 어떤 이유로 김춘추를 왕실의 신기원으로 인정했는지는 김문희의 신분에서 드러난다. 김문희는 왕비족이 아닌 여성으로서 최초로 왕후가 된 사람이다. 왕비족과 혼인해야만 왕이 될 수 있었던 사회에서 김춘추는 왕비족이 아닌 여성과 혼인한 뒤 왕이 된 최초의 인물이었다. 그래서 그는 신라 왕실의 신기원이 되었던 것이다.

한편 신라사에 등장하는 성골과 진골을 두고 여러 가지 학설이 대립하고 있다. 가장 대표적인 학설은 선덕여왕의 아버지인 진평왕이 자신의 직계비속과 여타 왕족을 구별할 목적으로 성골과 진골을 나누었다는 설이다. 진평왕의 아버지인 동륜태자銅輪太子는 왕이 되지 못하고 죽었다. 그래서 동륜태자의 동생인 진지왕이 그를 대신해 왕위에 올랐는데, 진지왕은 갑자기 세상을 떠났다. 필사본《화랑세기》에서는 진지왕의 죽음을 진평왕 쪽의 쿠데타에 의한 것이라고 서술했다. 이런 사실을 보면 진평왕이 자신의 직계만을 성골로 분류하고 직계 이외의 왕족을 진골로 분류했다는 이야기가 그

럴듯하게 들린다. 진지왕 계열을 배척하려는 의도를 가진 진평왕의 입장에서는 그런 생각을 했을 만도 하다.

하지만 이 학설에는 결정적인 오류가 있다. 이 입장을 따르자면, 김춘추의 할아버지인 진지왕은 성골이 아니라 진골로 분류되어야 한다. 그런데 앞서 언급한 것처럼 신라인들은 진지왕을 성골에 포함시켰다. 제28대 진덕여왕까지를 성골로 분류했다는 것은 제25대 진지왕 역시 성골로 분류했음을 뜻한다. 손자인 김춘추는 진골로 분류하고 할아버지인 진지왕은 성골로 분류하는 이유를 설명할 수 없다는 점에서 이 견해는 성립하지 않는다.

또 다른 학설은 모계와 부계 모두 왕족인 경우에는 성골로, 한쪽만 왕족인 경우에는 진골로 분류했다는 것이다. 하지만 이 역시 객관적인 사실과 모순된다. 왕비족의 전통이 끊어진 김춘추 이후에도 신라 왕실의 근친혼 풍습은 없어지지 않았다. 왕족간의 근친혼이 없어지지 않았기 때문에, 김춘추 이후에도 모계·부계 모두 왕족인 이들이 계속해서 왕이 되었다. 그런데도 신라인들은 김춘추 이후의 왕들을 진골 임금으로 분류했다. 그러므로 이 견해 역시 타당하지 않다.

성골과 진골의 분류 기준이 무엇이었는가는 오늘날의 학자들이 해석에 의해 결정할 것이 아니라, 당대 신라인의 관념에 따라 결정하는 것이 타당하다. 신라인들은 본인은 왕족이지만 배우자는 왕비족이 아니었던 김춘추를 진골의 시작으로 보았다. 김춘추의 등극은 왕족과 왕비족의 결합을 통해 왕권을 유지하는 종래의 체제를 뒤엎는 사건이었다. 그로 인해 김춘추 이후의 왕들은 왕비족과의 결혼이라는 제약에 얽매일 필요가 없어졌다. 그런 점에서 김춘추는 신기원의 출발점이었다. 그래서 신라인은 김춘추 이후의 왕들을 그 이전의 성골과 구분되는 진골 왕으로 분류했던 것이다.

나오는말

프랑스 국왕 루이 14세Louis XIV는 "짐이 곧 국가다"라는 유명한 말
을 남겼다. 이 말은 오늘날 우리에게는 시대착오적으로 들린다. 하
지만 루이 14세가 살았던 17, 18세기만 해도 그렇지 않았다. 심지
어 불과 100여 년 전까지만 해도 그의 말은 틀리지 않았다. 국민이
나라의 주인으로 인식된 것은 그리 오래전 일이 아니다. 비교적 최
근까지도 인류는 민주공화국이나 공화정보다는 왕조체제에 훨씬
더 익숙했다.

왕조 국가에서는 원칙상 모든 것이 왕과 왕실의 소유물이었고,
모든 일이 왕과 왕실을 중심으로 움직였다. 태양계가 해를 중심으

로 움직이듯이 왕조 국가는 왕과 왕실을 중심으로 공전했다. 그러므로 '왕이 곧 국가'라는 명제는 물론 바람직하지 않지만, 왕조 국가의 역사를 이해하려면 반드시 기억해야 하는 기본 상식이다.

그런데 그동안 우리는 신라 역사와 관련해서는 이 기본에 충실하지 못했다. 우리는 신라사의 핵심인 신라 왕실에 대해 아는 것이 거의 없었다. 우리가 확실히 알고 있던 것은 '신라 왕실에서는 근친혼이 성행했다'는 사실 정도다. 이 사실을 제외하면, 신라 왕실에 대한 우리의 지식은 대부분 틀렸다고 해도 과언이 아니다.

우리는 박·석·김 3성이 번갈아가며 신라 왕위를 차지했다고 믿었다. 물론 박혁거세와 석탈해, 그리고 김알지의 자손이 각각 왕위를 차지했던 것은 사실이다. 하지만 세 왕족 혹은 세 왕실이 번갈아가며 왕위에 올랐던 것은 결코 아니다. 석씨와 김씨 집단이 신라 왕실에서 분파를 형성한 것은 사실이지만, 이들은 박혁거세 가문이라는 커다란 테두리를 이탈하지 않았다.

만약 석탈해 자손과 김알지 자손이 박성 가문의 범주를 벗어나 왕위를 차지했다면, 이것은 역성혁명이 일어났다는 말이 된다. 하지만 《삼국사기》 그 어디에서도 신라에서 역성혁명이 일어나 새로운 왕조가 수립되었다는 내용을 발견할 수 없다. 《삼국사기》에서 확인할 수 있는 사실은 신라 왕실이 일관성을 유지했다는 점뿐이다. 이것은 세 왕족 혹은 세 왕실이 번갈아가며 신라 왕위를 차지했다는 우리의 상식에 심대한 결함이 있음을 뜻한다.

박혁거세 왕실은 석씨와 김씨 왕실을 인정하지 않았다. 석탈해와 김알지 같은 강력한 외래 세력을 사위나 양자로 들여 왕실 일원으로 포섭했을 뿐이다. 이런 방식으로 신라 왕실은 강력한 외래 세력과의 충돌을 피하는 한편 왕실의 정체성을 유지할 수 있었다. 신라 왕실이 그와 같은 융통성을 발휘하는 데는 공주들이 큰 역할을 했다. 이들은 강력한 세력을 가진 외부 남성들과 혼인함으로써 그들을 왕실의 일원으로 포섭하는 데 기여했다.

이러한 양상은 1066년 영국을 정복한 윌리엄 1세William 1의 왕실을 연상시킨다. 전통적으로 영국인들은 1066년 이후의 모든 영국 왕들을 윌리엄 1세의 후손으로 간주한다. 그런데 영국 왕실에서는 유교적인 관점으로는 이해할 수 없는 일이 되풀이되었다. 왕실의 사위 자격을 얻은 남성이 왕위를 차지한 뒤 아들에게 왕위를 넘기는 사례가 많았던 것이다. 그럼에도 영국인들이 1066년 이후의 영국 왕을 모두 윌리엄 1세의 후손으로 간주하는 것은, 공주와 결혼한 남성을 왕실의 일원으로 간주하기 때문이다.

신라도 마찬가지였다. 영국 왕실처럼 신라 왕실도 혼인을 통해 외부 세력을 포용했으며 왕실의 연속성을 이어나갔다. 이것은 약소국 신라가 그들보다 강한 가야·백제·고구려·왜국과의 대결에서 최종적으로 살아남은 비결 중 하나였다.

우리가 그동안 주목하지 않았던 신라 왕실의 또 다른 비밀은 왕비족의 존재다. 왕비족에 관한 이야기는 필사본《화랑세기》는 물론

《삼국사기》에서도 발견된다. 물론 김부식이 왕비족의 존재를 인정했던 것은 아니다. 하지만 본문에서 살펴보았듯이 《삼국사기》에 등장하는 신라 초기 왕비들은 초대 왕비인 알영과 혈연적으로 가까웠다. 이것은 필사본 《화랑세기》뿐 아니라 《삼국사기》도 신라 왕비족의 근거가 될 수 있음을 의미한다.

왕비족의 존재는 신라에서 여성의 정치적인 역할을 높이 평가했다는 증거인 동시에, 신라 왕실이 석탈해와 김알지 후손들의 왕위 계승을 인정했던 것과도 맥락을 같이한다. 신라 건국 초기부터 왕비족이 존재했다는 사실은 박혁거세 본인 혹은 그 후손만으로 왕권을 지키기 어려웠음을 뜻한다. 그래서 왕비와 그 가문을 왕실의 일원으로 인정하고 권력을 공유할 수밖에 없었던 것이다. 신라에서는 왕족뿐 아니라 왕비족 혈통까지 물려받아야 왕이 될 수 있었다. 이 전통은 왕비족이 아닌 여성과 결혼한 김춘추가 왕위에 오르기 전까지 유지되었다.

신라 왕실에서 근친혼이 성행할 수밖에 없었던 것은 바로 그러한 이유 때문이었다. 왕족과 왕비족의 혈통을 모두 유지하려면 당연히 근친혼이 이루어질 수밖에 없었다. 하지만 석탈해와 김알지의 자손까지 왕족에 포함되었으므로, 신라 왕실의 경우는 좁은 의미가 아닌 넓은 의미의 근친혼이 이루어졌다고 보아야 할 것이다.

그러나 김부식은 《삼국사기》에서 신라 왕실에서 근친혼이 이루어진 이유에 대한 설명 없이 근친혼 관계만을 묘사했다. 신라가 왕비족의 존재를 인정하고 석탈해와 김알지 혈통을 박성 왕실의 일원으로 수용한 사실을 드러내지 않은 채, 근친혼 관계 자체만 표면적으로 드러냈던 것이다.

김부식이 근친혼의 정치적인 배경을 숨겼던 이유는 그의 유교적인 신념에서 찾을 수 있다. 왕비족의 존재가 인정되었다는 사실과 석씨와 김씨 혈통이 왕실 구성원으로 인정되었다는 사실에서 발견되는 공통점은 여성의 정치적인 위상이다. 석씨와 김씨 혈통을 계승한 남성이 왕이 되었는데도 신라 왕조의 연속성이 유지된 것은, 왕비족 혈통을 계승한 여성들이 이 왕조의 정통성을 뒷받침했기 때문이다. 유교 중심주의자인 김부식은 이 같은 여성의 정치적인 위상을 받아들일 수 없었던 모양이다.

그동안 우리는 비논리적이고 왜곡된 정보를 토대로 신라 왕실에 대한 지식을 구축했다. 그리고 그 지식을 토대로 신라사에 대한 인식 체계를 세웠다. 신라사에 대한 우리의 지식은 잘못된 기초 위에 세워진 부실 건물이었다. 이는 우리가 기존과는 다른 시각과 방법으로 신라 역사에 접근해야 할 필요성을 보여준다.

부록으로 담은 참고문헌 해설에서 확인할 수 있듯이, 이 책은 널리 알려진 일반적인 사료들을 기초로 삼았다. 필사본《화랑세기》가 참고문헌에 포함된 것을 문제로 삼을 수도 있겠으나, 사학계에서도 필사본《화랑세기》를 인용할 뿐 아니라 아직까지 필사본《화랑세기》의 오류를 문제 삼을 명확한 증거가 없다는 점을 고려할 필요가 있다. 이 책의 참고문헌이 일반적인 사료라는 점은, 이 책에서 제시한 결론이 전혀 엉뚱한 것이 아님을 의미한다. 지금까지 우리가 접했던 사료 속에 이미 신라사의 진실이 담겨 있었던 것이다.

참고문헌 해설

《가락국기 駕洛國記》

고려 시대에 지어진 가야 역사서. 《삼국유사》에 일부 내용이 인용되어 있다. 김씨의 기원과 석탈해에 관해 설명하면서 《가락국기》의 내용을 인용했다.

《고대사회 Ancient Society》

미국 인류학자 루이스 모건이 지은 책. 모계 중심의 고대 결혼 문화를 소개하면서 모건이 《고대사회》에서 거론한 집단혼의 개념을 소개했다.

《고사기 古事記》

712년경에 편찬된 고대 일본 역사서. 천황가와 일본 왕비족에 관해 설명하면서 《고사기》를 인용했다.

《구당서 舊唐書》

618~907년간의 중국 당나라 역사서. 백제 의자왕에 대한 당시 중국인들의 평가를 소개하는 대목 등에서 《구당서》를 인용했다.

《기마민족국가 騎馬民族國家》

일본의 저명한 고고학자인 에가미 나미오가 지은 책. 신라와 고대 일본의 연관성을 설명하고자 《기마민족국가》를 인용했다. 에가미 나미오는 동북아시아의 기마민족이 한반도 남부를 거쳐 고대 일본 건설에 참여했을 가능성이 높다고 말했다.

《나는 대한제국 마지막 황태자비 이 마사코입니다》

영친왕의 비 이방자의 수기. 양자의 왕위 계승을 인정하는 나라와 그렇지 않은 나라를 비교하는 대목에서 이방자의 회고담을 인용했다.

《논어 論語》

유교 경전인 사서四書의 하나. 백제 의자왕의 역량을 설명하는 부분에서 《논어》〈태백〉 편을 인용했다. 중국인들이 의자왕을 〈태백〉 편에 거론되는 증자에 비유했다는 점을 설명했다.

《당률소의 唐律疏議》

중국 당나라 법률인 당률 해설서. 역대 중국 형법의 모범이 된 책이다. 만명과 김서현이 결혼하는 과정을 설명하면서, 과거에는 중매결혼이 구속력을 가졌다는 점을 설명하고자 "시집가거나 장가갈 때는 중매인이 있어야 한다"는 《당률소의》의 구절을 인용했다.

《마의상법 麻衣相法》

중국 마의도사의 관상학을 송나라 때 정리한 책. 신라 남해왕은 왕자인 유리왕과 사위인 석탈해 중에서 나이가 많은 쪽에게 왕권을 넘기라는 유언을 남겼다. 석탈해는 이 유언을 '치아가 많은 사람에게 왕권을 넘기라'는 의미로 재해석했다. 이와 관련해 치아 개수에 관한 고대인의 관념을 설명하고자 《마의상법》을 인용했다.

《만주원류고 滿洲源流考》

중국 청나라 정부가 학자들을 동원해 대규모로 편찬한 만주 지역의 역사서. 신라가 한때는 중국 길림을 차지했다는 점, 신라의 별칭이 계림이었다는 점을 설명하면서 《만주원류고》를 인용했다.

《맹자孟子》

유교 경전인 사서의 하나.《삼국사기》에 등장하는 '국인國人'이라는 용어의 의미를 밝히고자《맹자》〈양혜왕〉편에 나오는 맹자와 제나라 선왕의 대화를 인용했다.

《모시정의毛詩正義》

중국 당나라 때 공영달孔穎達 등이 태종의 명령에 따라 편찬한《시경》해설서. 강태공의 가문을 설명하는 부분에서《모시정의》를 인용했다.

《북사北史》

386~618년간의 북중국 역사서. 중국인의 눈에 신라의 정치체제가 고구려·백제와 다르지 않았다는 점을 설명하면서《북사》의 내용을 소개했다.

《사기史記》

중국 한나라 때 사마천이 편찬한 역사서. 중국 정사正史 25사의 첫 번째 책이다. 왕조 국가에서 여러 성씨의 왕위 계승을 인정하는 것은 비상식적이라는 점을 설명하고자《사기》〈봉선서〉편을 인용했다.

《삼국사기三國史記》

유교주의자 김부식이 편찬한 고구려·백제·신라의 역사서. 본문에서는 〈신라 본기〉의 내용을 주로 인용했다. 신라에서 박·석·김 3대 왕족이 왕위를 번갈아 차지했다면 역성혁명이 수시로 일어났어야 하는데 〈신라 본기〉에서는 그 정황을 찾을 수 없다는 점, 신라 초기의 왕비들이 초대 왕비인 알영과 혈연적으로 가까운 것으로 보인다는 점 등을 소개했다.

《삼국유사 三國遺事》

고려 승려 일연一然이 편찬한 역사서. 고구려·백제·신라뿐 아니라 한국 고대사를 전체적으로 망라한 책이다. 어쩌면 일연이 사용한 '삼국'이라는 용어는 고구려·백제·신라가 아니라 한민족을 가리키는 용어 중 하나인 '삼한三韓'의 또 다른 표현인지도 모른다. 본문에서는 박혁거세·알영·석탈해·김알지·경문왕·박제상·김춘추와 관련된 내용을 소개했다.

《삼국지 三國志》

중국 진나라 진수陳壽가 편찬한 위·촉·오의 역사서. 한민족의 데릴사위 문화를 소개하고자 《삼국지》 〈동이 열전〉을 인용했다.

《설문해자 說文解字》

중국 후한 때 허신이 지은 한자 해설서. '성姓'이라는 한자가 모계사회의 산물이라는 점을 설명하고자 '성' 자의 풀이를 실었다.

《세설신어 世說新語》

중국 송나라 유희경이 편찬한 일화집. 한자 '현賢'에 담긴 고대적인 의미를 탐구하는 과정에서 《세설신어》를 인용했다.

《세조실록 世祖實錄》

조선 성종 때 편찬된 제7대 세조 시대의 역사서. 한국 고대의 신선교 전통을 담은 서적들이 조선 세조 때 금서로 지정되었다는 이야기를 하면서 《세조실록》을 인용했다.

《수서 隋書》

고구려를 침공했다가 몰락한 수나라의 역사서. 한민족을 멸망시키고자 대규모 전쟁을 준비했던 나라였기에 그 누구보다도 한민족을 잘 알았을 수나라 사람들은 《수서》 〈동이 열전〉 '신라' 편에 "(신라의) 풍속과 법률·정치 및 의복은 대체로 고구려·백제와 같다"는 글을 남겼다.

《시경 詩經》

유교 경전인 삼경三經의 하나. 중국 춘추 시대의 시를 모은 책이다. 강태공에 관해 설명하는 대목에서 《시경》을 언급했다.

《신당서 新唐書》

《구당서》의 개정판. 후진 시대에 편찬된 《구당서》가 내용상 부족하다는 이유로 송나라(북송) 때인 1044~1060년에 《신당서》를 편찬했다. 《신당서》의 편찬으로 인해 《구당서》의 가치가 떨어졌지만, 청나라 때부터 《구당서》가 다시 높은 평가를 받게 되었다. 오늘날에는 《구당서》가 훨씬 더 권위 있게 인용된다. 본문에서는 백제 의자왕과 관련해 《신당서》의 내용을 소개했으며, 아울러 중국인들이 신라 왕실의 성씨를 어떻게 이해했는가를 설명했다.

《역사 Historiae》

그리스의 헤로도토스가 중동과 남·동유럽을 무대로 전개된 고대 오리엔트 세계를 서술한 역사서. 신라판 '임금님 귀는 당나귀 귀'의 주인공인 경문왕의 이야기를 하는 과정에서 이 이야기의 원조인 미다스 왕에 관한 기록을 소개했다.

《예종실록 睿宗實錄》

조선 성종 때 편찬된 제8대 예종 시대의 역사서. 신선교 전통을 담은 서적들이 세조의 아들인 예종 때도 금서로 지정되었다는 이야기를 하면서 《예종실록》을 인용했다.

《육도 六韜》

중국 주나라 강태공의 정치사상을 담은 책. 고대사회의 무속적인 특성을 소개하면서 《육도》를 인용했다.

《일본서기 日本書紀》

720년에 편찬된 고대 일본 역사서. 일본 왕비족에 관한 내용과 김춘추에 대한 일본인 들의 평가를 소개할 때 《일본서기》를 인용했다.

《전국책 戰國策》

중국의 혼란기인 전국 시대를 다룬 역사서. 신라와 일본이 가깝지만 먼 나라였다는 점을 설명하면서 《전국책》에 나오는 원교근공 이야기를 소개했다.

《조선경국전 朝鮮經國典》

조선 건국의 주역인 정도전이 지은 법전. 왕조 국가의 특징을 설명하는 대목에서 《조선경국전》〈치전〉 편을 인용했다.

《조선상고사 朝鮮上古史》

역사학자 신채호가 감옥에서 집필하다가 끝내 완성하지 못한 고대 한국 역사서. 신라 진흥왕의 만주 진출과 부여 명칭의 기원 등을 설명하면서 《조선상고사》를 소개했다.

《춘추좌씨전 春秋左氏傳》

중국 노나라 좌구명이 지은 《춘추》 해설서. 국인의 '국國'에 대해 설명하는 부분에서 《춘추좌씨전》을 소개했다.

《출운국풍토기 出雲國風土記》

출운국(이즈모국)의 풍토와 문화를 소개하는 책으로 733년에 완성되었다. 신라와 고대 일본 사이에 존재하는 공통점을 설명하고자 《출운국풍토기》의 '국토 끌어당기기' 이야기를 소개했다.

〈쿠쉬나메 Kush Nama〉

페르시아의 서사시. 신라 왕실 구성원은 원칙상 왕실 외부 사람과 결혼할 수 없었다는 이야기를 하면서 페르시아에 시집간 신라 공주의 이야기가 담긴 〈쿠쉬나메〉를 언급했다.

《태조실록 太祖實錄》

조선 세종 때 편찬된 제1대 태조 시대의 역사서. 고려 왕으로 등극했지만 조선 왕조의 시조로 간주되는 이성계의 사례를 통해, 군주의 성씨가 바뀌면 왕조 국가가 멸망할 수밖에 없었다는 이치를 설명했다.

《하멜 표류기 Relation du Naufrage d'un Vaisseau Hollandois》

16세기 중반 조선에 표류한 네덜란드인 헨드릭 하멜의 수기. 과거에는 가문이 기업 역할을 했다는 점을 언급하는 대목에서 헨드릭 하멜의 목격담을 소개했다.

《한서 漢書》

중국 후한 때 반고班固가 정리한 전한의 역사서. 흉노족 출신 김씨인 김일제 등을 설명하는 대목에서《한서》를 인용했다.

《한서음의 漢書音義》

중국 삼국 시대 위나라 사람인 맹강이 지은《한서》해설서. 김일제가 한나라에 투항한 뒤 산둥성에 정착했다는 점을 설명하는 대목에서《한서음의》를 인용했다.

《한서주 漢書注》

중국 당나라 때 안사고가 지은《한서》해설서. '중인中人'이라는 용어를 설명하는 부분에서《한서주》를 인용했다.

《화랑세기 花郎世紀》

신라 김대문이 지은 화랑의 역사서. 원본 혹은 사본은 일본 왕실도서관에 보관되어 있다. 현재 우리가 접하는《화랑세기》는 일제강점기의 역사학자인 박창화가 일본 왕실도서관에서 필사한 것이다. 신라에 왕비족이 존재했다는 점, 공주 쪽으로도 왕권의 정통성이 계승되었다는 점, 마복녀·마복자 풍습이 있었다는 점 등을 설명했다.

《삼국사기》에 없는 왕위 계승 미스터리

신라 왕실의 비밀

초판 1쇄 인쇄 2016년 7월 27일 **초판 1쇄 발행** 2016년 8월 2일

지은이 김종성 **펴낸이** 연준혁

출판 4분사 편집장 김남철
편집 이명은
디자인 이세호

펴낸곳 (주)위즈덤하우스 **출판등록** 2000년 5월 23일 제13-1071호
주소 경기도 고양시 일산동구 정발산로 43-20 센트럴프라자 6층
전화 031)936-4000 **팩스** 031)903-3893 **홈페이지** www.wisdomhouse.co.kr

값 14,000원 ⓒ 김종성, 2016
ISBN 979-11-87493-00-6 03900

* 역사의아침은 (주)위즈덤하우스의 역사 전문 브랜드입니다.
* 잘못된 책은 바꿔드립니다.
* 이 책의 전부 또는 일부 내용을 재사용하려면
  사전에 저작권자와 (주)위즈덤하우스의 동의를 받아야 합니다.

국립중앙도서관 출판시도서목록(CIP)

신라 왕실의 비밀 : 《삼국사기》에 없는 왕위 계승 미스터리 / 지은이: 김종성.
-- 고양 : 위즈덤하우스, 2016
  p. ; cm

참고문헌 수록

ISBN 979-11-87493-00-6 03900 : ₩14000

신라사[新羅史]

911.034-KDC6
951.901-DDC23   CIP2016017247